중학생을 위한
교과서 속 역사 인물 이야기

중학생을 위한
교과서 속 역사 인물 이야기

초판 1쇄 2026년 4월 10일

지은이 정동완 기획, 김정현·김정은·김미연·김재록·김정모·김현빈·김현아·문지현·오예림·이관우·이영인·이재호

출판책임 박성규
편집주간 선우미정
기획이사 이지윤
디자인진행 조예진
편집 이수연·이동하·김혜민
경영지원 나수정
제작관리 구법모
물류관리 엄철용

펴낸이 이정원
펴낸곳 도서출판 들녘
등록일자 1987년 12월 12일
등록번호 10-156
주소 경기도 파주시 회동길 198
전화 031-955-7374 (대표)
031-955-7382 (편집)
팩스 031-955-7393
이메일 dulnyouk@dulnyouk.co.kr

ISBN 979-11-7610-021-2 (43910)

중학생을 위한 교과서 속 역사 인물 이야기

정동완 기획
김정현 김정은 김미연 김재록 김정모 김현빈 김현아 문지현 오예림 이관우 이영인 이재호 지음

1 장수왕
2 진흥왕
3 서희
4 묘청
5 이순신
6 이봉창
7 조광조
8 김옥균
9 안중근
10 김가진
11 이위종
12 강우규
13 강주룡
14 지복영
15 알렉산드로스
16 당 태종
17 카롤루스 대제
18 홍무제
19 루이 14세
20 비스마르크
21 고르바초프
22 원효
23 의상
24 최충헌
25 만적
26 정도전
27 태종
28 윤동주
29 이광수
30 김구
31 김원봉
32 박정희
33 전태일
34 진시황
35 김부식
36 정약용
37 콜럼버스
38 나폴레옹
39 링컨
40 흥선대원군
41 히틀러
42 더글라스 맥아더

푸른들녘

차례

교과서 속 역사 인물, 위대한 업적 뒤에 숨겨진 진실은 무엇일까?

4부

교과서 속 역사 인물, 같은 시대에 왜 다른 길을 걸었을까?

5부

교과서 속 역사 인물, 우리에게 알려진 모습이 과연 전부일까?

프롤로그
어느 날 교과서 속 역사 인물이 나에게 말을 걸었다

"교과서 속 역사 인물이 나에게 말을 건다는 콘셉트로 책을 만들어 보면 어떨까요?"

이 책의 기획자인 정동완 선생님의 제안으로 어느 날 12명의 역사 교사가 모였습니다. 원래 친분이 있어 교류하던 사람도 있었고, 온라인으로 처음 만나는 사람도 있었지만, 역사를 전공하고 가르치고 있다는 공통점 하나로 이 책을 쓰기 위해 반년의 시간을 보냈습니다. "어떤 역사 인물이 (우리에게) 왜 말을 걸고 싶어 했을까?" 라는 질문은 12명의 역사 교사들을 몰입시키기 충분했습니다. 질문에 대한 답을 생각해보는 과정이 곧 책을 구성하는 토대가 되었고, 저희는 일주일에 한 번 온라인에서 만나면서 책의 방향을 구체화하였습니다.

초기 3~4번의 온라인 회의를 통해 저희는 다음 5가지 이슈를 중심으로 내용을 구성하기로 뜻을 모았습니다.

첫째, 어떤 인물에 대해 더 알아보고 싶다.

우리가 역사 수업 시간에 들여다보는 교과서는 수많은 인물을 다루지만, 교과서에 담을 수 있는 내용은 한정적이어서 인물에 대한 설명이 간략하기 마련입니다. 그 인물과 당시 상황을 깊이 이해하기 어렵지요. 이러한 아쉬움을 극복하고자 1부에서는 교과서 속 역사 인물들이 역사적 순간에 왜 그러한 행동을 했는지를 다루었습니다. 역사 인물이 말을 걸며 독자 여러분을 당시 시대 상황 속으로 초대할 것이라 기대합니다.

둘째, 보이지 않는 무언가를 위해 목숨을 바친 사람들.

우리는 인생의 여러 순간에서 선택의 기로에 서게 됩니다. 때로는 그 선택이 가시밭길임을 알면서도 묵묵히 걸어가야 할 때가 있지요. 이 책의 2부에서는 조선의 개혁을 꿈꾼 조광조, 동양 평화를 외친 안중근, 그리고 독립을 위해 화려한 삶을 포기한 이위종처럼 각자의 신념을 지키기 위해 용기를 냈던 인물들의 이야기를 담았습니다. 그들의 목소리를 통해 '나는 어떤 가치를 지키며 살 것인가'를 함께 고민해보는 시간이 되길 바랍니다.

셋째, 위대한 인물은 탄생하는 걸까? 만들어지는 걸까?

교과서 속 인물들은 대개 한두 문장의 화려한 업적으로 요약되곤 합니다. 하지만 그 찬란한 기록 뒤에는 우리가 미처 알지 못했던 고뇌와 인간적인 빈틈이 숨어 있습니다. 3부에서는 대제국을 건설한 알렉산드로스, 당 태종, 루이 14세와 같은 인물들이 직접 등장해 자신의 업적과 그 이면의 진실을 이야기합니다. 이를 통해 역사가 단편적인 기록이 아닌, 입체적인 사람들의 발자취임을 느끼게 될 것입니다.

넷째, 시대와 다른 선택을 한 사람이 있었다.

우리는 인생의 여러 순간에 선택하게 됩니다. 하지만 가끔 어떤 선택을 하고 후회하는 경우가 있습니다. 더 나아가 시간을 되돌려 지금과는 다른 선택을 하면 어땠을까 하고 상상해보기도 하지요. 이러한 발상에서 탄생한 것이 바로 이 책의 4부입니다. 같은 시대에 다른 선택을 한 인물들이 서로 대화하는 방식으로 내용을 구성했습니다. 역사적 사실을 토대로 역사적 상상력을 발휘하여 쓴 내용이긴 합니다만, 독자 여러분도 인물들의 입장을 듣고 그 시대 안으로 들어가 '나라면 어떤 선택을 했을까' 하고 함께 고민해보면 어떨까요?

다섯째, 본인의 의도와는 다른 평가를 받고 있어서 황당한 경우.

역사 인물 설명에는 대체로 한두 문장으로 정리된 평가가 덧붙여집니다. 그러나 짧은 문장 뒤에는 그가 그런 행동을 한 다양한 배경과 목적이 숨어 있지요. 때로는 긍정적으로 때로는 부정적으로 그 인물을 평가하지만, 그 평가가 절대적인 것은 아닙니다. 그래서 이 책의 5부에서는 교과서 속 인물들이 자신을 둘러싼 평가에 관해 이야기하는 방식으로 서술해보았습니다. 독자 여러분이 역사 인물과 대화하며 색다른 관점으로 익숙한 인물들을 다시 바라보는 계기가 되면 좋겠습니다.

『중학생을 위한 교과서 속 역사 인물 이야기』는 교과서를 보완하는 책이 아닙니다. 교과서 속에 등장하는 인물들을 소재로 하였지만 그들의 이야기를 보다 깊고 입체적으로 담아내려 노력했습니다. 역사 인물들과 대화하는 과정에서 독자 여러분이 생생한 역사 속으로 들어가는 듯한 경험을 할 수 있으면 좋겠습니다. 그런 과정을 통해 이 책이 학생들뿐만 아니라 역사에 관심 있는 모든 사람에게 역사에 대한 새로운 즐거움과 관점을 제공할 수 있길 기대해봅니다.

이 책이 나올 때까지 12명의 역사 교사들은 지적 호기심을 나누며 신나게 원고를 썼습니다. 특히 인공지능을 이용한 삽화도 만들어보면서 이 책을 읽을 독자들의 반응을 상상하며 즐겁게 원고를 마무리했습니다. 또한, 독자들이 낯설게 느낄 수 있는 역사 용어는 본문에 굵게 표시하고, 책의 뒷부분에 상세한 용어 설명을 덧붙여 막힘없이 읽을 수 있도록 배려했습니다. 바쁜 일과 중에도 매주 온라인 회의를 하며 서로의 글을 읽고 피드백했고, 우리가 쓴 초고가 좀 더 세련된 편집과 디자인으로 재탄생되길 바라며 푸른들녘 출판사의 문을 두드렸습니다. 저희의 초고를 읽고 흔쾌히 출간을 결정해주신 푸른들녘 출판사에 감사의 인사를 전합니다. 그리고 이 책에 대한 아이디어를 제안하고, 역사 교사들이 모일 수 있는 장을 펼쳐주신 정동완 선생님께도 감사드립니다. 마지막으로 이 책을 읽어주실 독자들께 감사의 말을 전합니다. 이 책을 통해 많은 사람이 역사를 더 좋아하게 되길 진심을 다해 소망합니다.

2026. 4. 10

역사인물탐구교사모임

교과서 속 역사 인물, 그때 왜 그랬을까?

이끎의 미덕을 보여준 장수왕

—

리더십이란 무엇인가

“리더십을 발휘해 국가, 백성을 하나로 이끈 장수왕의 모습을 통해 오늘날 우리가 갖춰야 할 마음가짐은 무엇인지를 여러분과 이야기해보고 싶었습니다.”_이관우

여러분은 리더십에 대해 들어본 적이 있나요? 리더십이란 집단 공동의 목표를 달성하기 위해 한 사람이 다른 사람들에게 행사하는 영향력 정도로 정의할 수 있습니다. 이처럼 리더십은 급변하는 현대 사회에서 강력히 요구되는 덕목 중 하나지만 오늘날 우리 주위에서 리더십을 갖춘 인물을 떠올리기는 쉽지 않습니다. 그렇다면 과거에는 어땠을까요? 우리나라 역사를 공부하다 보면 수많은 백성과 신하, 그리고 광활한 영토를 다스린, 그야말로 리더십의 대표라고 할 수 있는 인물들을 종종 발견하게 되는데요. 그중 한 명이 바로 고구려 제20대 왕 장수왕입니다. 장수왕은 학교에서 한국사를 배울 때 한 번쯤 들어봤을 매우 친숙한 인물인데요, 여러분은 장수왕에 대해 얼마나 알고 계신가요? 그럼 지금부터 고구려 장수왕의 이야기를 통해 리더십이란 과연 무엇인지 알아봅시다.

안녕하십니까, 저는 고구려의 제20대 왕으로서 고구려의 전성기를 이끈 장수왕(394~491)입니다.

394년에 태어나서 18살이라는 젊은 나이에 왕위에 올랐고, 이름 그대로 약 80년 가까운 긴 기간을 왕의 자리에 있으면서 오랜 기간 고구려를 위해 활약했습니다. 97세까지 장수한 덕에 왕 앞에 붙는 시호(諡號)도 '장수'가 되었는데요, 이 역시 나를 아주 잘 보여준다고 생각합니다.

제가 이렇게 오랜 기간 고구려의 전성기를 유지하고 명맥을 이어갈 수 있었던 데에는 아버지의 영향이 크다고 할 수 있습니다. 제 아버지는 저보다 훨씬 더 유명한 분으로, 한국인에겐 너무나도 친숙한 노래인 「한국을 빛낸 100명의 위인들」에 등장하는 광개토대왕입니다. 아버지는 노래 가사에 등장하는 것처럼 드넓은 만주 벌판을 달려 고구려의 영토 확장에 힘쓰셨고, 고구려의 강력한 군사력을 국내외로 여실히 드러내셨죠.

이렇게 아버지가 부단한 노력으로 닦아 놓고 마련한 고구려의 안정적인 기반을 맏아들인 저 장수왕이 이어받아 평양 천도, 한강 유역 차지, 남진 정책 추진 등 여러 개혁을 추진했습니다. 이런 다양한 개혁의 바탕 아래에서 제가 재위하는 동안 고구려는 넓은 영토를 차지하게 되었고, 마침내 저는 고구려를 동북아시아의 강대국으로 성장시킬 수 있었습니다. 이처럼 제가 이룩한 업적을 듣고서 몇몇 사람들은 그저 시대를 잘 타고나서 혹은 아버지를 잘 만나서 역사의 한 페이지에 이름을 남길 수 있던 것 아니냐고 생각할 수도 있습니다. 하지만 지금부터 제 이야기를 들어보신다면 단순히 제가 운이 좋아서가 아니라 리더십을 발휘해 국가와 백성들을 오랜 기간 이끌 수 있었다는데 공감하시리라 생각합니다.

여러분, "첫 단추를 잘 끼워야 한다"는 속담 많이 들어보셨죠?

이는 어떤 일을 시작할 때 올바른 방향과 방법을 설정하는 것이 매우 중요하다는 점을 강조합니다. 이렇듯 저는 국왕의 자리에 올라 고구려라는 나라가 올바르게 나아가기 위한 첫 단추가 바로 수도를 옮기는 일, 즉 천도(遷都)라고 생각했습니다. 제가 집권하기 직전까지 고구려의 수도는 국내성이었습니다. 하지만 당시 국내성의 위치와 기후 등을 종합적으로 미루어 보았을 때 이곳은 고구려가 더 막강한 국가로 성장하는 데 있어 많은 한계점을 가지고 있었습니다. 이런 상황 속에서 저 장수왕은 더 나은 국가와 백성의 미래를 위해 결단을 내려야만 했습니다. 솔직히 말씀드리면, 한 국가를 책임지고 통치하는 지도자로서 수도를 옮기는 일은 매우 어려운 과제 중 하나입니다. 실행에 옮기기까지 신경 쓸 문제가 많은 것은 물론이거니와 주변의 압박과 반대도 만만치 않으니 말입니다. 그런데도 저는 고구려의 백성과 신하들을 위해, 그리고 고구려를 동아시아의 강대국으로 만들겠다는 일념으로 마침내 427년 국내성에서 평양으로 수도를 옮기는 과업을 이루었습니다. 평양은 기존의 수도였던 국내성보다 훨씬 더 많은 군사적, 경제적, 문화적 이점을 지닌 곳으로, 훗날 제가 고구려의 전성기를 이룰 수 있게 한 최적의 무대가 된 셈이지요.

이처럼 당시 고구려, 백제, 신라 모두가 한강 유역을 차지하기 위해 피 튀기는 쟁탈전을 벌이고 있던 분위기 속에서 수도를 옮기고 이후 마침내 한강 유역을 확보하는 등 영토를 성공적으로 확장시킬 수 있었던 건 아마도 저의 과감한 결단력과 고구려를 강대국으로 만들겠다는 의지, 그리고 이런 저를 믿고 따라준 백성과 신하들 덕분이었다고 생각합니다.

평양으로 수도를 옮기는 첫 단추를 잘 끼운 이후 저는 본격적으로 고구려 내부를 안정시키고 백성을 평안하게 하는 데 앞장섰고, 마침내 5세기에 이르러 백제와 신라를 제치고 당당히 삼국 시대를 주도적으로 이끄는 강력한 지도자가 될 수 있었습니다. 그 당시 고구려와 저 장수왕의 위세가 얼마나 대단했냐면 제가 이끄는 고구려의 독주와 강력한 군사력에 대항하기 위해 백제, 신라가 서로 나제 동맹을 맺어 대항하기도 했지요.

제가 해냈던 여러 업적을 이렇게 말로만 전해 들으면 누구나 충분히 해낼 수 있는 일이라고 생각하겠지만 당시 한강 유역을 둘러싼 고구려, 백제, 신라 삼국의 항쟁뿐만 아니라 대외적인 상황까지 고려해본다면 저 장수왕이 왜 오늘날 고구려의 전성기를 이끈 왕으로 불릴만한지를 어느 정도 이해할 수 있을 것 같습니다.

지금부터는 한반도를 넘어 동아시아 지역까지 제가 어떻게 영향력을 발휘했는지 소개해드리겠습니다.

사실 저는 대외적으로도 활발히 활동해 소위 자타 공인 외교의 달인이기도 했습니다. 제가 왕위에 올라 부단히 활동했던 5세기 동아시아는 그야말로 혼돈 그 자체였습니다. 당시 중국은 남조와 북조로 나뉘어 대립하던 위진남북조 시대였는데요, 이때 제가 남조와 북조 중 어느 한쪽의 편만 들었다가는 자칫 중국의 남조, 북조와 외교 분쟁이 벌어질 수도 있었던 위기의 상황이었죠.

여기서 여러분께 질문 하나를 드리겠습니다. 만약 여러분이 이와 같은 상황에 놓였다면 지도자로서 어떤 선택을 했을 것 같나요? 말만 들어도 너무 복잡한 상황이라 아예 개입조차 하지 않을지, 아니면 정세를 살펴 상대적으로 강해 보이는 쪽에 붙어 연합할지 등 여러 선택지가 있을 텐데요. 모든 백성이 국왕인 저의 행동과 선택 하나하나에 귀를 기울이고 있을 때 제가 선택한 외교 전략은 바로 남조와 북조의 분열을 이용해 양국 모두에 사신을 파견하고 각각 우호적인 관계를 맺은 것입니다. 이를 통해 남조와 북조 모두 고구려를 친구와 같은 우방국으로 여기게 되었습니다. 이렇게 국제 관계를 안정시킴으로써 고구려의 백성과 신하들이 안전한 환경에서 각자의 역할을 해내고 편안한 삶을 살아갈 수 있도록 토대를 닦은 셈입니다.

이런 제 모습을 좋게 봐준 걸까요? 부끄럽고도 감사하게도 후대 사람들은 저를 리더십을 발휘한 인물이라고 평가합니다. 조선 전기 세조 때 편찬을 시작해 성종 때 완성된 역사책 『동국통감』에서는 저를 다음과 같이 평가했습니다. 한번 읽어보시고 여러분도 저에 대한 짤막한 평가를 내려주셨으면 좋겠습니다.

"장수(長壽)는 더욱 오랜 수명을 누리어 나라와 군사가 부강하였다."

고구려 장수왕의 이야기 잘 들어보았나요? 고구려가 장수왕 재위 시절 전성기라고 불릴 만큼 안정적으로 운영될 수 있던 원동력은 과연 무엇이었을까요? 장수왕 본인의 뛰어난 업적과 정책이 가장 주요했겠지만 이러한 정책들은 자신이 다스리는 고구려라는 국가에 대한 책임감과 그 국가를 살아가는 백성들을 위하는 애민정신, 그리고 리더십이 없었다면 세상의 빛을 보지 못했을 수도 있습니다.

공동체 안에서 어떤 일을 시작하는 건 누구나 그리고 언제든 할 수 있겠지만, 그렇게 한 번 시작한 일을 꾸준히 이어가 마침내 성과를 이뤄내는 것은 집단을 성공으로 이끌고자 하는 리더십과 자신이 맡은 일에 대한 책임감이 없다면 쉽지 않을 것입니다. 리더십과 책임감의 부재로 더욱 각박해진 현대 사회를 살아가는 우리에게 고구려의 장수왕이 묻습니다. "리더십이란 과연 무엇일까요?"

영토 확장의 승부사 진흥왕

배신인가 선택인가?

"교과서에서는 삼국통일 시기 7세기 신라 진흥왕의 활동을 많이 언급하며 학생들에게 암기의 고통을 선사합니다. 진흥왕이 왜 그런 활동을 하게 되었는지 함께 들어봅시다."_김정현

여러분, 신라 24대 왕인 진흥왕을 아시죠? 역사 교과서에서는 진흥왕에 대해 "화랑도를 국가적 조직으로 개편하여 인재를 키웠고, 백제와 연합하여 한강 상류 지역을 점령하였으며, 이후 백제를 공격해 한강 하류 지역도 차지하였다. 또한 대가야를 정복하고 함흥평야까지 진출했다"라고 서술하고 있습니다. 교과서 서술만 본다면 진흥왕이 너무 쉽게 동맹을 배신하는 '배신의 아이콘'으로 보입니다. 그는 왜 동맹을 맺었던 백제를 배신하고 한강 하류 지역을 차지했을까요? 진흥왕 본인의 이야기를 들어봅시다.

안녕, 나는 신라 24대 왕 진흥왕(534~576)이야. 나는 큰아버지인 신라 23대 법흥왕의 뒤를 이어 6살의 어린 나이에 왕이 되었어. 내가 어릴 때는 어머니가 **섭정**으로서 나라를 다스리는 것을 도와주셨어. 그러다가 내가 어른이 되었을 즈음인 550년부터 본격적으로 신라의 영토를 넓히기 시작했지.

물론 아무 준비 없이 영토만 넓히려고 한 건 아니야. 선대왕인 22대 지증왕 때는 소를 농사에 이용하는 방법을 도입해서 곡식 생산능력이 눈에 띄게 향상되었고, 23대 법흥왕 때는 나라에서 공식적으로 불교를 수용하여 나라 사람들의 마음을 하나로 모으는 등 영토 확장을 위한 준비가 어느 정도 되어 있었거든. 결국 내가 왕이 되기 전부터 이미 우리 신라는 영토 확장을 위한 만반의 준비를 하고 있었던 셈이지.

이런 상황을 바탕으로 나는 고구려를 공격해서 지금의 남한강 상류인 충청북도 제천과 단양 지역을 차지했어. 이 사건을 기념하기 위해 단양에 적성비라는 비석을 세웠어. 다음 해인 551년에는 고구려가 중국 쪽에서 쳐들어온 오랑캐와 싸우고 내부에서 귀족 세력들 사이의 정치적 갈등으로 인해 몹시 혼란스러운 틈을 타서 동맹인 백제와 힘을 합쳐서 고구려를 또 공격했어. 그 결과 백제는 한강 하류 지역을, 우리 신라는 남한강과 북한강 상류 지역을 빼앗을 수 있었지. 그리고 이 기세를 타고 우리 신라는 동해안을 따라 지금의 함흥평야 지역까지 영토를 넓힐 수 있었어.

그런데 그 직후인 553년에 나는 백제와의 동맹을 끝내는 큰 결정을 내리게 돼. 바로 백제가 차지했던 한강 하류 지역까지도 신라 영토로 만든 거야. 백제의 성왕은 크게 분노하여 우리 신라로 쳐들어왔지. 나는 백제군을 지금의 충청북도 옥천인 관산성에서 막아내면서 심지어 성왕을 전사시키기도 했어. 바로 이 부분에서 내가 동맹을 배신한 나쁜 왕이라고 손가락질받게 되었던 거야. 어쨌든 나는 한강의 상류와 중, 하류를 모두 차지한 다음에는 남쪽인 가야 지역으로 눈을 돌렸어. 성왕의 죽음으로 백제가 정신없는 틈을 타서 562년에는 후기 가야 연맹의 중심이었던 대가야를 멸망시키고 가야 지역 전체를 우리 신라의 영역으로 만들었지. 이렇게 해서 나는 내가 왕이 되기 전보다 2~3배나 넓은 영토를 차지할 수 있었어. 그러고는 이렇게 넓어진 영토를 순찰하면서 여러 곳에 나의 행차를 기념하고 그 지역을 신라의 영토로 만들게 된 과정을 새긴 비석도 건립했지. 그것이 지금 남아 있는 4개의 **진흥왕 순수비**야.

여기까지만 보면 내가 단지 한강 하류 지역이 탐이 나서 일방적으로 동맹인 백제를 배신한 것처럼 보일 거야. 그런데 내가 욕심만으로 백제를 배신한 건 아니야. 475년에 백제가 고구려에 한성을 빼앗기고 웅진으로 도읍을 옮긴 이후, 백제는 위기에 처한 나라를 회복하기 위해 노력을 많이 했어. 성왕은 그 노력의 최고 정점에 있었던 사람이지.

우리 신라도 지증왕과 법흥왕 때 다양한 정책을 시행했어. 왕권을 강화하고 나라를 발전시키려고 말이야. 이 과정에서 백제와 신라는 동맹으로서 때로는 협력했지만 때로는 미묘한 갈등 관계에 놓이기도 했어. 대표적인 예로 가야 지역을 둘러싼 백제와 신라의 경쟁을 들 수 있지.

우리 신라가 법흥왕 때 김해의 금관가야를 정복한 이후 가야 지역에 대한 영향력을 확대하려 하자 백제의 성왕도 금관가야를 부흥시킨다는 명분으로 두 차례에 걸친 국제회의를 개최하는 등 가야 지역에 백제의 영향력을 넓히려고 했어. 이런 부분적인 갈등 관계에도 불구하고 신라와 백제는 고구려에 대해서는 같은 입장이었어. 즉, 백제와 신라 공통의 적이었던 고구려를 두 나라가 힘을 합쳐 공격했고, 그 결과 백제는 한강 하류 지역의 옛 영토를 되찾고 우리 신라는 한강 상류와 중류 지역을 차지했지.

그렇지만 고구려 장수왕의 남진 정책으로 약화된 나라를 부흥시킨 백제와 지증왕과 법흥왕 때의 성장을 바탕으로 소백산맥을 벗어나 팽창하려는 욕구를 가진 우리 신라가 언제까지 같은 편이 될 수는 없었어. 이미 전성기가 한참 지나 쇠퇴 단계에 접어든 고구려가 내부적, 외부적으로 더 이상 힘을 쓸 수 없는 상황에서 무섭게 성장하던 백제와 우리 신라는 이후 나라의 운명, 더 나아가 한반도 전체의 주도권을 두고 크게 맞붙을 수밖에 없었던 거야. 내가 백제로부터 한강 하류를 빼앗은 것도 이런 역사적 흐름 속에서 벌어진 어쩔 수 없는 일이었다고 생각해. 물론 그 결과 우리 신라는 백제와는 다시 돌아올 수 없는 원수가 되었지만 말이야.

우리의 배신과 성왕의 죽음에 분노한 백제는 곧바로 고구려와 손잡고 신라를 북쪽과 서쪽에서 압박해오기 시작했어. 그런데도 내가 한강 하류 지역을 점령한 이후로 우리 신라는 삼국통일까지 쭉 삼국 간의 항쟁에서 주도권을 놓치지 않았는데, 이런 점에서 볼 때 동맹인 백제를 배신한 나의 선택은 백제에 미안한 일이긴 했어도 우리 신라를 위해 꼭 필요한 행동이었다고 생각해. 동맹 간의 믿음을 지키는 것도 중요하지만 신라의 왕으로서 내 나라의 이익을 가장 먼저 챙기는 게 당연하지 않겠어?

지금까지 진흥왕이 동맹인 백제를 공격하여 한강 하류 지역을 빼앗은 이유를 진흥왕의 입장에서 들어보았습니다. 이렇게 보면 진흥왕의 행동은 고구려, 백제, 신라라는 세 나라가 서로의 이익을 위해 때로는 손잡고 또 때로는 적이 되었던 그 시대에서 신라를 위해서는 충분히 할 수 있었던 결단으로 보이는데요. 여러분이 한 국가를 이끌어가는 리더라면 우리나라의 이익을 우선하는 것과 동맹에 대한 신뢰를 유지하는 것 가운데 어떤 것을 더 중요하게 생각할 것 같습니까?

전략가 서희

말만 잘했던 외교관이 아니다?

"교과서 속 '강동 6주'라는 키워드에 가려진 전략가 서희의 고민과 결단을 마주해봅시다."_김재록

지금으로부터 약 1,000년 전, 동아시아는 아주 복잡한 상황이었습니다. 북쪽의 강한 나라 거란은 중국의 송나라와 싸우려고 했는데, 그 전에 송나라와 친한 고려를 먼저 굴복시키고 싶어 했습니다. 그래서 거란은 군대를 이끌고 고려를 침략했고, 전쟁은 무려 26년간 지속되었습니다.

거란이 쳐들어오자 고려 안에서는 큰 혼란이 일어났습니다. 어떤 신하들은 "거란에 항복하자"라고 주장했고, 또 어떤 사람은 "차라리 땅을 떼어주자"고 했습니다. 그때, 담담하게 이렇게 말한 사람이 있었습니다. "제가 직접 거란과 담판을 짓겠습니다." 바로 서희라는 외교관이었습니다. 서희는 싸우지 않고도 전쟁을 막았고, 오히려 거란이 가지고 있던 약점을 파악해 강동 6주라는 중요한 땅을 고려 땅으로 만드는 데 성공했는데요. 나중에 이 지역은 거란이 다시 침략했을 때, 고려를 지키는 튼튼한 방어선이 되었습니다. 그런데 말이죠, 많은 사람이 서희가 말만 잘해서 땅을 얻었다고 생각합니다. 정말 그랬을까요? 지금부터는 서희가 직접 들려주는 이야기를 들어보겠습니다.

안녕, 나는 고려 사람 서희(徐熙, 942~998)야. 교과서에 반드시 등장하는 인물이라서 대부분의 학생은 내 이름을 알고 있지.

그런데 많은 사람이 나를 이렇게 기억하더라고. "서희? 그 사람은 말 한마디로 전쟁을 막고, 땅도 얻은 외교가잖아!" 맞아, 나는 외교로 전쟁을 막고 '강동 6주'라는 땅을 얻었지. 하지만 그게 전부라고 생각한다면, 나에 대해 절반만 알고 있는 셈이야. 나는 단지 말만 잘하는 외교관이 아니었어. 내가 가진 통찰력을 바탕으로 그 당시 고려, 거란, 송나라의 관계를 꿰뚫어 보고 전략을 세운 전략가이기도 했거든.

그럼 지금부터 내가 어떻게 동아시아의 국제 정세를 읽는 통찰력을 가질 수 있었는지 얘기해줄게. 나는 젊은 시절 송나라에 사신으로 다녀온 적이 있어. 그때 나는 다른 나라 사람들이 외교를 어떻게 하는지 직접 보고 배웠지. 그런 경험들이 쌓이면서 국제 정세를 바라보는 감각을 키우기 시작했어. 그러던 어느 날, 993년에 거란이 우리 고려를 공격해왔어. 겉으로는 우리가 송나라와 가까이 지내는 걸 견제한다는 이유였지만, 사실은 다른 속셈이 있었지. 거란은 송나라를 본격적으로 공격하기 전에, 그 뒤에 있는 고려를 먼저 공격해서 고려가 송나라와 연합하는 것을 막으려고 했던 거야. 우리 고려를 굴복시키면 송나라도 더 쉽게 공격할 수 있다고 생각했거든.

거란이 공격해오자 우리 정부는 혼란에 빠졌어. 어떤 신하들은 "거란에 항복하자"고 했고, 또 어떤 이들은 "땅을 떼어주자"고 주장했지. 그때 나는 거란의 군대를 보면서 뭔가 이상한 점이 있다는 걸 알아챘어. 바로 거란의 군대가 장기전을 준비하지 않았다는 점이야. 겨울에 전쟁을 시작했는데도 긴 전쟁을 준비한 흔적이 없는 거야. 또한 자신들이 80만이라는 어마어마한 병력을 이끌고 왔다고 큰소리쳤지만, 실은 병력의 숫자가 실제보다 훨씬 부풀려졌다는 것도 파악했지. 이러한 단서를 바탕으로 나는 확신했어. "거란은 진짜 전쟁하러 온 게 아니라, 협상을 원하고 있다!" 그래서 임금님에게 "제가 직접 거란 장수 소손녕을 만나 담판을 짓겠습니다" 하고 말했지.

그렇게 나는 거란 진영으로 향했어. 소손녕은 자신이 큰 나라의 장수라며, 고려의 신하인 나에게 먼저 예의를 갖추라고 윽박질렀지. 하지만 나는 굽히지 않았어. "나는 고려의 신하다. 왜 이웃 나라의 신하에게 무례하게 구는가?" 내 말에 소손녕은 당황했고, 더 이상 강하게 나오지 못했어. 그렇게 회담 분위기는 점차 무르익었지. 마침내 소손녕은 이번 침공의 본래 목적을 털어놓았어. "너희 고려는 우리 거란과 국경을 맞대고 살면서도, 바다 건너 송나라와 친하게 지낸다. 그래서 정벌하러 온 것이다. 만약 땅을 조금 내어주고, 송나라 대신 우리와 친하게 지낸다면 너희를 해치지 않겠다."

여기서 그들의 뜻은 송나라와 관계를 끊고 거란과 외교 관계를 맺으라는 뜻이었어. 거란은 송나라와 전쟁을 준비하며, 고려가 배후에서 송을 돕는 걸 막고 싶었던 거야. 나는 담담하게 말했어.

"고려는 고구려의 후예입니다. 고려라는 이름도, 서경을 중시하는 것도 모두 고구려에서 비롯된 것입니다." 나는 고구려 계승 의식을 분명히 밝혔고, 그에 따라 거란이 차지한 고구려 옛 땅도 고려의 것이 될 수 있다고 주장했지. 그리고 마지막으로 이렇게 제안했어. "거란과 고려가 자유롭게 외교를 하지 못하는 건 여진족이 길을 막고 있기 때문입니다. 만약 강동 6주 지역을 우리에게 맡긴다면, 우리는 여진족을 정리하고, 거란과도 원활하게 교류할 수 있을 것입니다." 나는 여진족 때문에 사신을 보내지 못한 현실을 솔직하게 설명했고, 거란과의 관계 회복이 가능하다는 논리도 덧붙였지.

소손녕은 내 말에 귀를 기울였고, 결국 우리는 싸움 없이 강동 6주를 얻게 되었어. 이때 나는 단순히 말로 상대를 설득하려고 하지 않았어. 거란의 군사력과 상황, 송과의 관계, 우리 고려의 입장까지 모두 계산하여 강동 6주를 얻어낸 거야. 하지만 중요한 이야기는 아직 끝나지 않았어.

나는 강동 6주를 얻는 데 만족할 수 없었어. '얻은 땅은 지켜야 진짜 내 땅이지'라는 마음이었거든. 또한 나는 우리 고려가 언젠가 거란과 한판 대결을 벌일 운명임을 직감하고 있었어. 그래서 앞으로 벌어질 거란의 침략에 대비하여 강동 6주 지역에서 여진을 몰아내고, 성을 쌓는 일을 맡았어. 장흥진, 귀화진, 정주, 곽주, 귀주, 흥화진… 하나하나 고려의 탄탄한 북방 방어선으로 만들어 갔지. 이 일은 3년 가까이 이어졌어. 하지만 이때 너무 열심히 일한 탓일까. 안타깝게도 나는 병을 얻고 말았어.

그렇지만 후회하지 않아. 왜냐하면 내가 만든 북방 방어선이 훗날 큰 역할을 해냈기 때문이야. 내가 죽고 나서 거란은 두 차례 더 우리 고려에 침략해 왔고, 무려 20여 년 동안 전쟁은 이어졌지. 거란이 세 번째로 우리 고려에 침략해 왔을 때, 귀주 대첩에서 강감찬 장군이 거란군을 물리칠 수 있었던 배경에는 강동 6주 지역의 방어선이 큰 역할을 했어.

이제 알겠지? 나는 단지 말만 잘했던 외교가가 아니었어. 나는 상황을 꿰뚫어 보고, 나라의 미래를 준비했던 전략가였어. 말이 아닌 냉철한 통찰력! 그것이 나의 신념이었고, 내가 지키고 싶었던 고려의 길이었으니까.

지금까지 서희의 이야기를 들어봤습니다. 사람들은 그를 종종 '말로 땅을 얻은 사람'이라고 말합니다. 하지만 진짜 중요한 건 그 이면에 담겨 있습니다. 서희는 말로 설득하기 전에 이미 모든 가능성을 계산하고, 전쟁과 외교, 국방과 미래까지를 동시에 내다본 전략가였습니다. 그는 거란의 침입 의도를 꿰뚫어 보았고, 강동 6주를 얻은 뒤에는 그 땅을 직접 지켜낼 수 있는 방어선까지 만들었습니다. 그 결과 고려는 전쟁을 막고, 송·거란·고려 세 나라 사이에 새로운 균형을 만들어 무려 100년간 평화를 얻어낸 것입니다.

서경천도운동의 주도자 묘청

—

그는 왜 수도를 옮기고 싶어 했을까?

"난세에 영웅이 난다고 하던가요? 시대마다 사회를 바꾸고 싶어 하는 개혁가들이 존재합니다. 고려 시대의 대표적인 개혁가는 바로 묘청이 아닌가 싶습니다. 고려 시대의 개혁가들이 무엇을, 어떻게 바꾸고 싶어 했는지 이해한다면 고려 사회를 더 잘 이해할 수 있지 않을까요?"_문지현

고려 시대에는 건국 이후 여러 대에 걸쳐 고위 관료를 배출한 가문이 문벌을 형성했습니다. 문벌들은 과거나 **음서**를 통해 대대로 관직에 진출하여 권력을 독점했죠. 게다가 다른 문벌과 혼인하거나 왕실과 혼인하여 세력을 키우기도 했고요. 고려의 인종 시기에는 대표적인 문벌 출신인 이자겸이 왕권을 위협할 정도로 막강한 권력을 휘두르면서 이자겸의 난을 일으키기도 했습니다. 그런데 이자겸의 난이 진압된 이후에도 왕권은 안정되지 않았고, 이에 묘청은 서경 천도 운동을 주도합니다.

묘청은 서경 출신의 승려인데요. 인종은 왕권을 강화하고 여러 문벌을 견제하기 위해 그를 새로이 등용합니다. 그런 묘청이 왜 서경 천도 운동이라는 반란의 움직임을 보였을까요? 지금부터 묘청의 이야기를 들어봅시다.

반갑습니다. 나는 서경 출신 승려 묘청(?~1135)이라고 합니다. 불교의 교리뿐만 아니라 도교와 풍수지리에도 능통할 정도로 공부를 많이 했는데요. 내가 줄곧 주장했던 것이 바로 개경에서 서경으로 수도를 옮기는 일이었습니다. 풍수지리설에 의하면 개경은 이미 땅의 기운이 쇠락한 곳이었거든요. 그러니 국가에 이자겸의 난과 같은 불미스러운 사건들도 일어나게 된 것이지요. 개경은 더 이상 나라의 수도 역할을 할 수 없을 거라고 판단한 나는 땅의 기운이 좋은 서경으로 수도를 옮기자고 주장했습니다. 서경은 제 고향이기도 하지만, 풍수지리적으로 아주 좋은 명당이었어요. 그곳에 궁궐을 새로 세우고 수도로 만든다면 나라의 나쁜 기운이 사라지고 천하를 얻게 될 것이라고 믿었습니다.

내가 개경에서 서경으로 수도를 옮겨야 한다고 주장한 데엔 사실 풍수지리설 외에 더 큰 이유가 있었습니다. 바로 정치권을 장악하고 있는 문벌들의 세력을 약화시키고 왕권을 강화하고 싶었기 때문입니다. 고려에는 개경을 중심으로 성장한 문벌들이 너무나 강력한 권력을 가지고 있었어요. 문벌들은 개경에 수많은 땅과 수많은 노비를 거느리고는 녹봉도 많이 받으며 살고 있었지요. 이자겸 가문처럼 일부 가문은 왕실과 인척 관계를 맺어 모든 권세를 한 몸에 지고 말할 수 없는 행패를 부렸습니다. 남의 땅을 빼앗고 재물을 강탈하고….

정치를 한다면서 국가보다 개인의 사욕을 채우려는 무리가 많아지자 나는 더 이상 이를 두고 볼 수 없다고 판단했습니다. 이런 상황을 개혁하려고 인종께서 열심히 노력하셨지만, 개경 중심의 문벌귀족들이 반대하는 바람에 개혁이 이루어질 수 없었죠. 그래서 나라의 중심지를 옮겨 문벌귀족들의 세력을 조금이라도 견제하고, 이로써 왕이 개혁하는 데 도움을 주고 싶었던 겁니다.

한 가지 더 참을 수 없는 일은 문벌귀족에 의해 우리 고려가 여진족의 금나라에 머리를 숙이는 조약까지 맺었다는 사실이었습니다. 이자겸은 자신의 권력이 무너지기를 원치 않았기에 금과 조공 책봉 관계를 맺었지요. 너무도 화가 나는 일이었어요. 우리 고려가 무엇이 모자라서 오랑캐로 여겨지던 금나라에 머리를 조아려야 합니까? 우리가 서경으로 천도한다면 나라가 안정되고 강해져서 금나라도 다시 항복하게 될 것이고, 당당하게 황제라고 칭할 수도 있지 않겠어요? 나는 그렇게 판단했습니다. 서경으로 천도한다면 문벌도 견제할 수 있고, 왕권도 강화시킬 수 있고, 황제의 나라로 우뚝 설 수 있을 텐데, 서경으로 천도하지 않을 이유가 없지 않습니까?

내가 이렇게 서경으로 수도를 옮기자고 주장했더니 기존의 개경 중심으로 자리를 잡고 있던 문벌들이 강하게 반대했습니다. 특히 김부식이 대표적인 반대파였어요. 당연히 예상한 일이었으나 참기 어렵더군요. 군사를 동원해서라도 개경의 문벌들을 향해 칼을 겨누고 싶었어요. 결국 나는 뜻을 같이한 여러 개경파(대표적으로 정지상)와 함께 자주적인 독립 국가를 세우기 위해 서경을 거점으로 군사를 일으켰습니다. 서경을 중심으로 국가의 이름을 '대위', 연호를 '천개'라 하고 새로운 국가체제를 만들면서 거사를 일으킨 것이지요.

하지만 결국 김부식이 관군을 이끌고 와 반란은 실패하고 말았답니다. 더 이상 이 나라에 개경 중심의 문벌귀족을 대적할 세력이 없으니, 나라의 상황이 암담하다고 생각합니다. 제 생각이 잘못된 것일까요?

그렇군요. 묘청은 여러 이유로 고려의 수도를 개경에서 서경으로 천도해야 한다고 생각했던 혁명적인 인물이었습니다. 후대의 역사가 신채호는 묘청의 서경 천도 운동을 '조선 역사상 1천 년 이래 제1대 사건'이라고 이를 만큼 중요한 사건이라고 평가했습니다. 묘청은 독립적이었으며 진취적이었던 사람이었기에 묘청이 승리했다면 우리의 역사가 달라졌을 것이라고 생각한 겁니다. 역사에는 '만약에'라는 가정이 있을 수 없다지만, 과연 묘청이 승리했다면 정말 우리의 역사가 많이 달라졌을까요? 여러분은 어떻게 생각하세요?

준비성의 끝판왕 이순신

임진왜란 해전 승리의 비결은 무엇일까?

"많은 사람이 충무공 이순신 장군에 대해 들어보았을 것입니다. 그리고 그의 불패 신화에 대해 감탄과 존경을 보냅니다. 이순신 장군은 어떻게 해서 싸울 때마다 이길 수 있었던 것인지 그의 이야기를 듣고 싶었습니다."_김정현

이순신 장군은 '한국인이 존경하는 인물' 조사에서 해마다 1~2위를 다투는 분입니다. 교과서에도 임진왜란 때 수군을 지휘하여 한산도와 명량 등에서 일본군을 물리치는 데 핵심적인 역할을 한 것으로 묘사되지요. 많은 사람이 이순신 장군을 일본 수군과 23번 싸워 모두 이긴 우리나라 역사상 비슷한 사례가 없는 명장으로 인식하고 있습니다. 뿐만 아니라 외국에서는 이순신 장군을 일찍이 나폴레옹의 영국 침공을 막아낸 영국의 넬슨 제독이나 러일전쟁 때 러시아 해군을 크게 이긴 일본의 도고 제독보다 더 뛰어난 장군으로 치켜세우기도 합니다. 이순신 장군은 이렇듯 한국, 외국 할 것 없이 위대한 인물로 평가됩니다.

그런데 이런 극찬에 비해서 이순신 장군이 어떻게 일본군과 전투를 치를 때마다 승리를 거머쥘 수 있었는지 그 비결을 정확하게 아는 사람은 별로 없더라고요. 이순신 장군 본인의 이야기를 통해 승리의 비결을 들어보겠습니다.

안녕하시오. 나는 조선의 장군인 이순신(1545~1598)이오. 후손들이 나를 불패의 영웅으로 생각한다니 기분이 매우 좋소. 그런데 내가 일본군과 23번을 싸워 23번 이긴 것에 대해서는 자랑스러워하지만 어떻게 해서 이기게 되었는지는 잘 모르는 사람이 더 많은 것 같아 아쉽소. 그래서 오늘 내가 어떻게 임진왜란에 대비했으며, 어떤 방법으로 일본군을 무찔렀는지 이야기하려고 하오.

내가 전라좌수사로 임명받은 것은 임진왜란이 일어나기 약 1년 전이었소. 당시 조선은 일본의 침략을 예상하고 나름대로 대비하고 있었소. 여러 장수를 추천받아 전라도와 경상도 일대에 배치하는 것도 그중 하나였는데, 나도 이때 천거된 것이오.

막상 전라좌수사로 부임해 상황을 살펴보니 문제점이 참 많았소. 가장 큰 문제는 조선이 200여 년 동안 큰 전쟁 없이 지내 온 바람에 전쟁 대비가 거의 되어 있지 않았다는 점이있소. 상부상의 군사 숫자와 실제 군사의 숫자에 차이가 컸고, 그나마 있는 군사들은 훈련이 제대로 되지 않아 전투에 나가기 힘들 정도였다오. 한마디로 총체적 난국이었지. 그래서 나는 군량과 화약을 많이 준비하는 것은 물론, 군사들도 장부에 있는 대로 정확하게 확보하였소. 이 과정에서 평화로운 생활에 안주하던 많은 사람이 저항했지만, 나는 그 저항을 무시하고 규정대로 군사를 모아 강하게 훈련시켰소.

한편으로는 거북선과 판옥선을 비롯한 군함들을 새롭게 만들거나 수리했다오. 배가 없는 수군을 어찌 수군이라고 할 수 있겠소? 그리고 이 군함들을 전투에 활용할 수 있게 새로운 전술도 세웠다오.

임진왜란 이전에는 소규모 왜구들이 자주 출몰하는 포구(항구)에 배를 몇 척씩 배치하여 그곳 지휘관들의 지시 아래 왜구들과 싸우곤 했소. 그러나 나는 일본의 대규모 함대와 맞서 싸우는 상황을 가정하고 각 포구 단위로 흩어져 있던 우리 배들을 모아 함대를 편성하여 대열을 만들었소. 그러고는 이동하는 훈련, 대열을 재빠르게 변형하는 훈련, 멀리서 적의 배를 화포로 사격하여 침몰시키는 훈련을 시켰소. 여러분이 아는 한산 대첩에서의 학익진 전법은 바로 이 같은 훈련의 결과물이오.

1년 동안 군사와 전선을 확보하고 새로운 전술을 개발하여 훈련시킨 곳은 조선 전체를 통틀어 우리 전라좌수영뿐이었소. 이렇게 철저하게 전쟁에 대비한 결과 우리 전라좌수군은 실제 전쟁이 발생한 후 싸울 때마다 승리할 수 있었던 거요.

후손들 가운데는 임진왜란 당시 내가 거북선을 앞세워 이길 수 있었다고 생각하는 사람들이 많을 것이오. 그렇지만 나는 거북선만이 승리의 비결이라고 하기에는 부족하다고 생각하오. 우리 조선 수군의 주력 군함은 거북선이 아닌 판옥선이었소. 판옥선은 임진왜란이 일어나기 40여 년 전에 이미 만들어진 것인데 일본 수군의 배들에 비해 높아서 일본군이 우리 배에 올라타 싸우는 것을 막을 수 있었소. 뿐만 아니라 바닥이 평평해서 거의 제자리에서 180도 회전이 가능했다오. 이는 배의 좌우에서 화포를 번갈아 쏠 수 있는가 하면, 화포를 발사했을 때의 충격에도 버틸 수 있게 해주었소. 판옥선뿐 아니라 우리에게는 일본보다 훨씬 발달한 화포가 있었소. 일본군은 육지에서는 조총을 활용하여 조선군을 압도하였지만 배에서 활용할 수 있는 화포는 거의 없었소. 그래서 우리는 먼 거리에서 화포를 쏘아 일본 배를 격침시키는 작전을 통해 우리 군사의 피해가 거의 발생하지 않도록 하면서 전투에 임할 수 있었소. 이것이 바로 내가 연전연승할 수 있었던 가장 중요한 비결이었소.

나는 또한 전투에 임하기 전에 철저한 정찰과 수색을 통해 정보 수집을 많이 하였소. 임진왜란 초기에는 경상도 곳곳에 흩어진 크고 작은 일본군 함대들과 싸우는 과정에서 일본군 함대가 어디에 있는지, 배의 숫자는 얼마나 되는지 등을 미리 알기 위해 밤낮으로 수색하곤 했소. 이렇게 얻은 정보를 활용해 작전을 세우고, 우리에게 유리한 상황을 만들어 놓음으로써 한 번도 패하지 않을 수 있었던 거요.

이렇게 해서 나는 임진왜란 초기에 여러 일본군 함대들을 무찌를 수 있었소. 그러자 일본 수군은 경상도 해안가에 왜성을 쌓아 우리 조선 수군과의 전투를 피하기 시작했소. 나 역시 본진을 한산도로 옮겨서 일본 수군이 경상도를 지나 전라도 쪽으로 오는 것을 막았소. 처음에 일본군의 계획은 육군이 빠르게 한양으로 진격하면 수군이 남해와 서해를 돌아 육군에게 식량과 무기를 보급하는 것이었소. 그런데 내가 바다에서 일본 수군을 막고, 육지에서는 의병들이 일본군의 육지 수송을 방해하자 일본군은 한양과 평양성을 점령하는데도 정작 보급을 받지 못해서 다시 남해안으로 후퇴할 수밖에 없었다오.

나는 이 모든 과정이 나의 노력으로 이루어진 것이 아니라고 생각하오. 아무리 내가 지휘를 잘했다고 하더라도 우리 군사들과 백성들이 목숨을 바친다는 각오로 싸우지 않았다면 결코 승리할 수 없었을 것이오. 결국 임진왜란의 승리는 군사들과 백성들의 목숨을 건 결과라는 점을 잊어서는 안 될 것이오.

이순신 장군의 이야기를 잘 들어보셨나요? 우리가 아는 이순신 장군의 불패 신화는 전쟁을 대비한 노력과 이미 있던 우리 무기들을 효과적으로 활용한 것, 철저한 정보 수집, 군사와 백성들의 목숨을 건 헌신 등의 결과라고 볼 수 있겠네요. 이렇게 볼 때 이순신 장군은 단순히 뛰어난 군사 지휘관이라기보다 여러 측면에서 미리 준비된 인물이라는 생각이 듭니다. 여러분은 전투가 아닌 전쟁에서 승리하려면 어떤 것들을 준비해야 한다고 생각하시나요?

일왕에게 폭탄을 던진 이봉창

식민지 청년이 변신한 이유는 무엇일까?

"많은 사람이 일제강점기의 독립운동가들을 '나라를 되찾기 위해 태어나고 살아간 것 같은' 분들이라고 생각합니다. 그런데, 실제로는 다양한 이유로 독립운동의 길로 들어선 사람이 많답니다. 이봉창 의사는 왜 일본 왕에게 폭탄을 던지게 되었는지 알아봅시다."_김정현

여러분은 이봉창 의사를 아시나요? 교과서에서는 이봉창 의사의 의거에 대해 “한인애국단의 단원으로서 도쿄에서 일본 왕이 탄 마차에 폭탄을 던졌으나 성공하지 못했다. 이 사건에 대한 중국 신문의 보도를 빌미로 상하이 사변을 일으켰으며, 자신들의 승리와 일본 왕의 생일을 축하하는 행사에 윤봉길 의사가 폭탄을 던졌다”라고 나와 있습니다. 이렇게 이봉창 의사의 의거는 비록 실패하였지만 뒤이은 윤봉길 의사의 의거에 크게 영향을 주었는데요. 사실, 이봉창 의사는 처음부터 독립운동에 뜻을 둔 것이 아니었습니다. 심지어 일본 왕의 충실한 백성이 되고 싶었다고 말했었지요. 그랬던 그가 왜 일본 왕에게 폭탄까지 던지게 되었는지 그 이유를 직접 들어보도록 하겠습니다.

나는 대한의 독립운동가인 이봉창(1900~1932)이라고 합니다. 앞에서 이야기한 대로 일본 수도인 도쿄에서 일본 왕이 탄 마차에 폭탄을 던졌지요. 나의 의거는 비록 실패했지만, 윤봉길 의사가 상하이에서 큰 성과를 올리는 데 밑거름이 되었다고 생각합니다.

여러분, 독립운동가들이 그 힘든 독립운동에 뛰어든 이유를 생

각해본 적이 있나요? 처음부터 일본에 부당하게 뺏긴 나라를 되찾겠다는 굳은 신념으로 독립운동에 참여한 사람들이 대부분일 것입니다. 그렇습니다. 많은 독립운동가가 빼앗긴 나라를 되찾기 위해 자신의 목숨까지 바쳤지요. 그런데 나는 그런 사람들과는 좀 다른 이유로 독립운동에 참여하게 되었습니다.

나는 매우 어려운 형편에서 나고 자랐습니다. 가게나 약국에서 점원으로 일하거나 용산역에서 말단 임시직 등으로 일하기도 했죠. 서울에 살면서도 3·1 운동을 의식하지 못했을 정도로 나에게는 먹고사는 일이 정말 중요했습니다. 열심히 일한 덕에 나는 1920년대 중반 용산역에서 정식 직원으로 일할 수 있게 되었고, 그나마 경제적 여유도 누릴 수 있었습니다. 그런데 말이죠, 내가 아무리 열심히 일해도 월급이나 승진에서 항상 일본인보다 못한 대우를 받았습니다. 심지어 일본인보다 더 일을 잘해도 마찬가지였어요. 나는 우리가 식민지이기 때문에 할 수 없다고 생각했지만 그래도 너무 억울했답니다. 그래서 자포자기하고 유흥과 도박에 빠져 회사를 그만두었습니다.

그러고 나서 더 좋은 일자리를 찾아 일본으로 갔습니다. 그렇지만 일본에서도 조선인이라는 이유로 취직이나 월급에서 많은 차별을 받았습니다. 안정적인 일자리는 거의 얻지 못하고 부두 노동자나 석탄 짐꾼과 같은 잡일만 할 수 있었지요. 이런 차별 속에서도 나는 여전히 '내가 비록 조선인이지만 일본 왕의 충실한 백성'이라고 생각했습니다. 일본의 호적에 이름을 올리려고 어느 일본인의 양자가 되어 '기노시타 쇼조(木下昌藏)'라는 일본식 이름까지 얻었죠.

그런데 내 생각이 바뀐 사건이 일어났습니다. 1928년, 나는 교토에서 새로운 일본 왕의 즉위식을 구경하러 갔습니다. 그런데 경찰의 검문에 걸려 체포된 거예요. 이유도 너무 어처구니없었어요. 내가 한글 편지를 소지하고 있어서 위험인물이라는 거였어요. 더 기가 막힌 것은 일본 경찰들이 편지 내용에는 관심을 조금도 가지지 않았다는 점이었습니다.

억울했습니다. 그와 동시에 '내가 아무리 일본인으로 살고 싶어해도 일본인들은 나를 식민지 조선 사람으로만 여기는구나!'라는 깨달음이 일었습니다. 생각이 바뀌자 비로소 독립의 필요성을 느끼게 되었어요. 조선인 차별에 대한 경험과 울분 속에서 독립운동의 열망이 싹튼 셈입니다.

이번에는 중국 상하이로 건너갔습니다. 그곳에 대한민국 임시정부가 있어서 조선인들을 돌봐주고 영국 전차회사에 취직할 수 있게 도와주기까지 한다는 말을 들었기 때문이죠. 1930년 말, 상하이에 도착한 나는 물어물어 겨우 대한민국 임시정부를 찾아갔습니다. 그런데 임시정부에 있던 사람들은 나를 일본의 밀정으로 여기고 바로 내쫓았습니다. 내가 일본인 행색을 하고 능숙한 일본어를 구사하며, 일본이 임시정부를 낮춰 부르는 표현을 썼거든요.

그때 김구 선생이 나에게 말을 걸어왔습니다. 이후에도 나는 김구 선생과 여러 번 만나 이야기를 나누면서 나의 진심을 전했습니다. 그리고 나를 의심하던 임시정부 사람들에게도 술과 음식을 자주 대접하며 나에 대한 의심을 씻기 위해 노력했답니다. 그러던 어느 날 나는 그들에게 이렇게 물었습니다. "당신들은 독립운동을 한다면서 일본 왕을 왜 못 죽입니까?" 사람들이 깜짝 놀라며 대답했어요. "일개 문무관도 죽이기 힘든데, 일본 왕을 죽이기가 쉽겠소?" 나는 다시 말했습니다. "내가 작년에 도쿄에 있을 때 일본 왕의 행차를 구경했는데 마차가 내 앞을 지나는 것을 보고 나에게 지금 폭탄이 있다면 쉽게 죽일 수 있겠다고 생각했습니다." 이 대화를 들은 김구 선생이 곧 나를 찾아왔지요. 나는 그분에게 이렇게 말했습니다. "인생의 목적이 쾌락이라면 31년 동안 인생의 쾌락을 대강 맛보았습니다. 이제는 영원한 쾌락을 얻기 위하여 우리 독립운동에 헌신하고자 상하이에 왔습니다."

나에게 크게 감명받은 김구 선생은 1931년 12월, 드디어 나를 자신이 조직한 **한인애국단**의 첫 번째 단원으로 받아들였어요. 그러고는 일본 왕에게 폭탄을 던지는 큰 임무를 주었지요. 일본으로 떠나기 전날, 나는 김구 선생과 마지막으로 사진을 찍었습니다. 김구 선생은 죽으러 떠나는 나를 똑바로 바라보지 못했습니다. 그래서 나는 "내가 영원한 쾌락을 얻으러 가는 길이니 우리 기쁜 낯으로 웃으면서 찍읍시다" 하면서 활짝 웃어주었어요.

다음 해 1월 8일, 나는 일본 왕 히로히토가 도쿄 교외에서 군대 열병식을 마치고 궁궐로 돌아오는 길목을 지켰습니다. 그러고는 내 앞을 지나가는 일본 왕의 마차에 폭탄을 던졌지만 아쉽게도 마차를 끌던 말과 마부에게 상처를 주는 걸로 그치고 말았지요. 큰 혼란이 벌어졌죠. 처음에 일본 경찰은 내 옆에 있던 사람이 폭탄을 던졌다고 여겼어요. 그러나 나는 "내가 수류탄을 던졌소!" 라고 당당하게 외쳤습니다.

만약 내가 도망쳤다면 나는 목숨을 구했거나, 또 다른 거사를 계획했을지도 모릅니다. 하지만 나는 도망가지 않았습니다. 나의 행동을 다른 사람에게 떠넘기는 게 옳지 않았을 뿐 아니라, 일본 왕을 죽이기로 한 대의에도 맞지 않다고 생각했기 때문입니다. 이렇게 나의 의거는 실패로 돌아갔지만, 김구 선생은 내 뒤를 이어 윤봉길 의사의 의거를 준비하였고 그 의거는 마침내 큰 성공을 거두었지요.

이봉창 의사는 다른 독립운동가들과 달리 처음에 일본의 충실한 백성으로 살고자 했습니다. 그러나 조선인이라는 이유만으로 일본인들로부터 수많은 차별대우를 받는 현실에 분노하여 독립의 필요성을 느끼게 되었다고 합니다. 이러한 자각은 결국 자신의 목숨까지 바쳐서 독립운동에 참여하게 된 원동력이 되었습니다. 이봉창 의사의 삶을 통해 조선의 발전을 위한다고 주장하던 일본 제국주의의 조선 식민 지배가 어떤 허구성을 가졌는지 생각해볼 수 있겠죠?

2부

교과서 속 역사 인물, 고난 속에서도 지키려 한 신념은 무엇일까?

조선의 개혁을 디자인한 조광조

—

신념에 따라 행동할 줄 아는 용기

"자신의 가치관과 신념에 따라 행동하는 조광조의 모습을 통해 소신 있게 행동하는 것이 얼마나 어렵고 또 중요한지를 독자분들과 이야기 나눠보고 싶었습니다."_이관우

여러분은 평소 얼마나 자신의 신념과 소신에 따라 말하거나 행동하나요? 사실 내가 옳다고 굳게 믿는 것을 실제로 행동에 옮기는 일은 결코 쉽지 않습니다. 때로는 주위 사람들 눈치도 살펴야 하고, 때로는 나의 말과 행동이 불러올 파장도 신경 쓰지 않을 수 없으니까요. 심지어 본인이 다른 사람들보다 사회적 지위와 영향력을 가졌다면 더욱더 힘들겠지요. 그런데, 조선시대에 자신의 가치관과 신념에 따라 당시로서는 파격적인 행보를 이어갔던 인물이 있습니다. 그는 국왕이 직접 자신을 임명해 막강한 영향력을 지니게 된 조선 초기의 문신 조광조입니다. 지금부터 조광조가 지키고자 했던 구체적인 가치관과 신념은 무엇이었는지, 이를 지키려고 어떤 모습을 보였는지 본인의 생각을 직접 들어봅시다.

저는 조선시대에 태어나 정치가로서, 교육자로서, 성리학자로서 활동한 조광조(1482~1520)입니다. 여러분, 제가 태어나고 한평생을 지낸 조선이라는 나라가 어떻게 탄생했는지 알고 계시죠? 조선 건국 이전 고려에서는 성리학을 받아들인 신진사대부가 위기에 빠진 고려를 개혁해가면서 성장하고 있었는데요, 조선은 이 같은 신진사대부들이 중심이 되어 마침내 1392년 새롭게 등장한 나라입니다. 이런 배경 때문에 조선은 정치, 사회, 문화 등 다양한 분야에 성리학 이념을 색칠하기 시작했고, 그런 분위기에서 자란 저 역시 성리학에 진심인 사람이 되었습니다.

한 번은 이런 일도 있었어요. 제가 19살이 되던 해에 아버지가 돌아가셨는데 이때 성리학을 집대성한 주희 선생의 말씀에 따라 아버지를 모신 묘 옆에 움막을 짓고 3년 가까이 묘를 두루 살폈습니다. 그리고 이 기간에는 다른 사람과 대화도 삼가는 등 장례의 모든 절차와 방식을 성리학 이념에 하나도 어긋남 없이 따르면서 모든 예를 갖추었죠.

이후 저는 더더욱 성리학 공부에 열중해 미침내 29살의 나이에 과거에 장원으로 급제할 수 있었고 성균관에서 학생들에게 성리학을 기르치면서 몸과 마음가짐을 바르게 하려고 노력했습니다. 그러던 중 당시 조선의 왕이셨던 중종께서 저를 좋게 봐주셔서 좋은 관직을 얻게 되었고 열심히 일한 결과 왕으로부터 두터운 신임을 얻게 되었죠.

관직을 얻은 후 저는 점점 중앙 정치로 진출하게 되었고 그 누구보다 왕을 가까이에서 모시면서 조선 정치가 나아가야 할 올바른 방향과 이에 대한 저의 솔직한 의견을 말씀드렸습니다. 성리학을 공부한 학자로서, 그리고 조선을 이끌어 갈 한 사람의 관리로서 성리학의 근본이념인 유교가 정치는 물론 일상생활에 널리 퍼질 수 있도록 앞장섰습니다. 특히 백성들을 교화시킬 목적으로 향촌의 자치 규약인 향약을 보급해 기존의 향촌 사회가 내포하고 있던 문제점들을 하나둘 해결하고자 노력하였습니다. 저는 유교 이념을 바탕으로 향촌과, 더 넓게는 국가 전체가 안정적으로 운영되기를 바랐습니다.

이렇게 왕으로부터 두터운 신임을 얻게 되면서 정치적 권력이 강해지자 저를 따르는 사람도 많아졌지만, 저를 시기 질투하고 심지어는 저를 중앙 정치에서 쫓아내려고 하는 세력도 생겼습니다. 이들을 흔히 훈구 세력이라고 부릅니다. '훈구'라는 명칭은 훈구공신(勳舊功臣)·훈구대신(勳舊大臣)이라는 용어에서 비롯된 것인데, 이 용어에서 알 수 있듯이 이들은 임금을 곁에서 보좌하면서 공을 많이 세운 신하들입니다. 과거 1453년 계유정난이 일어났을 당시 훗날 조선의 세조로 즉위하게 되는 수양대군을 도와 단종을 몰아내는 일종의 쿠데타를 일으키면서 본격적으로 정치적 권력을 장악했던 자들이죠.

훈구 세력은 계유정난 때와 비슷하게 중종이 연산군을 몰아내는 중종반정을 일으키는 데 성공했고, 그 공에 힘입어 더욱더 세력을 키우게 되었습니다. 이렇게 정치적 권력을 장악하게 된 훈구 세력은 시간이 지나면서 점차 자신의 정치적 생명력과 토지, 재산 등을 지키기 위해 온갖 부정부패를 저지르기 시작했고 그 과정에서 수많은 백성이 피해를 보게 되었습니다.

제가 어릴 때부터 배우면서 실천하고자 했던 성리학의 이념은 무엇보다 대의명분(大義名分)을 강조했는데요, 대의명분이란 사람으로서 마땅히 지키고 행하여야 할 도리나 본분을 말합니다. 저는 이런 대의명분에 어긋나는 훈구 세력의 모습을 두고 볼 수만은 없었습니다. 누구보다도 강력하게 그들을 비판하면서 대립 구도를 세우게 되었죠. 특히 저는 훈구 세력을 몰아내고 저의 지지 세력인 사림들을 끌어모으기 위해 학문과 재주 등이 뛰어난 인재를 면접으로 선발하여 임명하는 현량과를 실시할 것을 왕에게 건의했습니다. 그뿐 아니라 앞서 언급한 중종반정 당시 실제로는 공신으로 임명되지 않았음에도 거짓으로 공적을 작성한 이른바 위훈 삭제를 주장해 올바르고 건전한 정치, 사회 분위기를 만들고자 했습니다.

하지만 이런 모습에 불만이 폭발한 훈구 세력들이 결국 말도 안 되는 모함과 사실 조작으로 저를 비롯한 사림 세력을 대거 제거하는 **기묘사화**를 일으켰고 이 사건의 중심으로 지목된 저는 결국 사약을 마시고 죽음을 맞이하게 되었습니다.

누군가는 저를 당시 훈구 세력에 의해 부패한 조선을 정화하고자 노력한 개혁자라고 평가하지만, 또 누군가는 성급한 판단으로 일을 그르친 실패자라고도 평가합니다. 저에 대한 후대의 평가가 다양한 것도 역사의 한 측면이라 생각합니다. 오히려 저는 제 소신과 신념을 생각하는 데만 그치지 않고 실제로 행동에 옮기고 실천한 것만으로도 스스로에게 떳떳하고 부끄럽지 않았다고 자신 있게 말하고 싶습니다.

조광조의 이야기 잘 들어보았나요? 조광조를 행동하게 한 원동력은 과연 무엇이었을까요? 오늘날 우리는 일상에서 수없이 많은 눈치를 보곤 합니다. '내 말과 행동으로 분위기가 이상해지지는 않을까?'라든지 '내가 나선다고 해서 상황이 달라지긴 할까?' 등과 같이 말이죠. 자기만의 생각과 신념을 가지기는 쉽지만 이를 행동으로 옮기고 실천하는 데는 커다란 용기와 끊임없는 고민과 갈등의 시간이 필요합니다. 하지만 우리가 바라본 조광조는 그 어려운 일을 소신껏 행하면서 정의를 실현하고자 했습니다. 행동하지 않으면 아무것도 변화하지 않는다는 말이 있죠? 우리는 더 나은 사회, 어제보다 나은 오늘을 위해 한 걸음씩 나아가고 행동하고 변화해야 합니다. 행동할 용기가 필요한 우리에게 조광조가 말합니다.
"가슴 속 신념과 자신을 믿고 움직이세요, 여러분들을 움직이게 하는 가슴 속 신념과 원동력은 무엇인가요?"

삼일천하를 이끈 김옥균

—

그가 꿈꾸었던 세상은?

"김옥균이 주도한 갑신정변은 조선이 근대화되는 과정 속
일어난 사건이었습니다. 김옥균의 시도와 실패를 통해 변화에는
준비와 지지가 반드시 필요하다는 것을 깨닫게 됩니다.
여러분의 도전과 좌절도 성장에 따르는 과정이겠죠."_문지현

1884년 12월, 조선의 개화를 목표로 갑신정변이 일어났습니다. 청나라로부터의 독립과 조선의 개화를 목표로 일어났으나 청나라의 군사 개입으로 결국 3일 만에 실패로 돌아간 사건. 이 갑신정변의 주인공은 누구였을까요? 바로 김옥균, 박영효, 홍영식, 서광범 등의 급진개화파였습니다. 그중에서도 갑신정변을 기획하고 개혁을 주도하고자 했던 김옥균의 이야기를 들어보려고 합니다. 과연 김옥균은 어떤 생각으로 갑신정변을 일으켰을까요? 그가 꿈꾸었던 세상은 어떤 세상이었을까요?

김옥균(1851~1894)이라고 합니다. 나는 조선 말기 세도 가문이었던 안동 김씨 가문에서 태어난 북촌 양반이었지요. 나름대로 공부도 열심히 했답니다. 자랑은 아니지만 22살에 문과 과거시험에서 무려 1등인 장원급제까지 했고요.

내가 공부했던 곳은 우리 동네 북촌에 있는 박규수 선생님의 사랑방이었어요. 그 사랑방에서 함께 공부했던 친구 중에 인재들이 제법 많습니다. 예를 들면 박영효는 철종의 딸과 혼인하여 왕실과 친척이었던 친구였고, 서광범과 홍영식은 영의정을 지낸 분들의 자손이라 촉망받는 관리였죠. 원래 끼리끼리 친해진다고, 우리는 생각도 비슷했어요. 모두 조선이 빠르게 외국의 문물과 기술을 수용하고, 외국과의 교류를 활발히 해야 한다고 생각했습니다. 세상은 하루가 다르게 변해가는데 조선의 개혁은 여전히 더디기만 하니 너무 답답했지요.

우리는 늘 모여 머리를 맞대고 왜 조선의 발전이 세상의 속도를 따라가지 못하는지 고민했어요. 그러다가 청나라의 간섭에 큰 문제가 있다고 판단했습니다. 예로부터 조선은 명나라, 청나라 등 중국을 황제의 나라로 섬기는 처지였잖아요? 한마디로 중국에 속박당한 거죠. 따라서 우리는 청나라의 구속에서 벗어나 진정으로 독립된 자주국이 되어야 한다고 생각했어요. 하루빨리 일본처럼 급진적인 개혁을 해야 한다고요. 이런 생각을 가진 우리를 사람들은 '급진개화파'라고 부르더군요.

그런데 모두가 우리처럼 판단한 것은 아니었습니다. 오히려 고종과 민씨를 비롯한 일부 정치 세력은 청나라의 개혁인 **양무운동**을 본받자고 주장했죠. 즉 기존의 유교 질서를 지키면서 서양의 과학기술을 수용하자는 겁니다. 이런 온건한 개화 방식으로는 우리 조선이 짧은 시간 내에 외국 열강들과 어깨를 나란히 할 수 있을 만큼 발전할 수 없는데도 말이죠. 제가 아무리 일본의 메이지 유신처럼 제도와 기술을 모두 개혁해야 한다고 '문명개화론'을 외쳐도 들어줄 생각을 하지 않더군요.

그 와중에 나의 정치 인생에 큰 위기가 찾아왔습니다. 국가의 재정난이 심각해지자 자금을 마련하기 위해 고종과 민씨는 새로운 화폐를 발행하려고 했어요. 그러나 저는 친분이 있는 일본에서 차관을 도입해보겠다고 했지요. 하지만 일본에서 **차관도입**을 거절당하고 빈손으로 귀국하게 되었습니다. 이를 빌미로 온건개화파는 우리 급진개화파를 위기로 몰아넣으려고 했어요. 하루빨리 나라를 개혁해서 서구 열강을 따라가기도 바쁜 시국에 개혁을 주장하는 우리 급진개화파를 공격하며 분열을 조장하다니! 이대로 있을 수는 없겠다고 생각했습니다.

이런 상황을 해결하기 위해 고심하다가 결국 정변이라는 방법을 택하게 되었습니다. 조금 무모한 선택이긴 했어요. 우리는 우정총국 개국 축하연에 여러 정부 인사들이 모인 틈을 타서 정변을 일으키게 되었습니다. 물론 완전히 우리끼리의 정변은 아니었어요. 일본이 군대를 지원해주기로 약속했거든요.

우리가 꿈꾸었던 세상은 정변을 일으키면서 발표한 개혁정강 14개조 안에 담았습니다. 가장 중요한 것은 청과의 조공, 책봉 관계를 끊어내는 일이라고 생각했는데요. 그래야만 우리가 진정한 자주독립 국가가 될 수 있다고 판단했기 때문입니다. 이 부분을 1조에 넣은 이유죠. 그리고 나 역시 양반의 신분을 가지고 있었지만, 신분제도는 낡아빠진 잘못된 제도라고 생각해왔기에 신분제를 폐지하고 탐관오리들을 처단해서 인재를 등용하자고 주장했습니다. 그 외에도 강력한 군사를 만들기 위해 군사 제도를 강화하는 등의 여러 개혁안을 제시했죠. 어떤가요? 이 정도 변화만 있어도 조선이 조금 더 살만한 나라, 조금 더 강한 나라로 성장할 수 있지 않겠어요?

그러나 우리의 시도는 성공하지 못했습니다. 민씨의 요청으로 빠르게 개입한 청나라 군대에 의해 3일 만에 진압되었거든요. 결국 우리는 일본으로 망명해야 했습니다. 미처 망명하지 못하고 살해된 친구도 있었죠. 물론 저도 일본의 군대를 끌어들여 정변이라는 방법을 선택한 것은 무모했다고 생각합니다. 하지만 우리가 조선의 개혁을 위해 끊임없이 공부하고 고민했던 결과로 나온 선택이었음을 이해해주셨으면 좋겠습니다.

지금까지 갑신정변을 일으킨 주역, 김옥균의 이야기를 직접 들어봤습니다. 양반 출신임에도 불구하고 신분제도를 폐지하는 등의 개혁을 서슴없이 계획할 정도로 조선의 개혁에 큰 뜻이 있었던 김옥균의 정변. 여러분은 어떻게 생각하세요? 과연 정변이라는 선택이 정당화될 수 있을까요? 다른 방법을 선택했다면 과연 김옥균의 개혁안은 성공했을까요? 여러분은 조선의 개혁에 대해 어떻게 생각하시나요?

평화주의자 안중근

—

그가 이토 히로부미를 쏜 또 다른 이유는?

"1909년 10월 26일. 그날 하얼빈역에서 안중근 의사가 남긴 총성은 이토 히로부미 저격으로만 기억하기엔 더 큰 의미를 품고 있었습니다. 이 글에서는 우리나라의 독립과 동양평화를 끝까지 고민한 평화주의자 안중근의 면모를 함께 나누고자 했습니다."_김재록

몇 년 전, 한 TV 프로그램에서 아이돌 가수가 안중근의 사진을 보고 잘못된 대답을 하는 바람에 논란이 일었던 적이 있습니다. 이 일은 대중들에게 충격을 주었고, 동시에 안중근이라는 인물이 우리 사회에서 얼마나 상징적인 존재인지를 다시금 환기하는 기회가 되기도 했죠. 안중근은 우리에게 너무도 익숙한 이름이며, 반드시 기억해야 할 역사적 인물인데요. 실제로 그는 영화, 뮤지컬, 소설 등 다양한 콘텐츠에서 자주 다뤄지고 있고, 일본과의 외교 마찰이나 역사 왜곡 문제가 불거질 때마다 대중적으로 재조명되곤 합니다.

여러분은 안중근을 어떤 인물로 기억하세요? 일반적으로 역사 교과서에서는 "만주 하얼빈역에서 이토 히로부미를 저격"한 사람으로 서술합니다. 물론, 안중근이 한국 침략의 원흉인 이토 히로부미를 처단한 독립운동가였다는 사실은 부정할 수 없습니다. 하지만 이러한 인식만으로는 안중근이라는 인물을 온전히 이해하기 어렵죠. 지금부터 안중근 의사의 말씀을 직접 들어보겠습니다.

안녕. 나는 **대한의군** 참모중장 안중근(安重根, 1879~1910)이야. 나 안중근은 한국인이 몰라선 안 될 중요한 인물이라고 전해 들었어.

하하, 고마운 일이지만 조금 아쉬운 점도 있어. 많은 사람이 나를 단순히 '이토 히로부미를 저격한 인물'로만 기억한다는 점이야. 내가 이토를 저격한 일은 당연한 사실이지만 그것만이 내가 한 일의 전부가 아니거든. 나는 한국의 독립과 함께 동양의 평화를 꿈꾸고, 그 평화를 위해 행동한 사람이었어. 그래서 지금부터 내가 왜 이토를 쐈는지, 그리고 어떤 식으로 동양의 평화를 꿈꿨는지 들려줄게.

나는 1879년 황해도 해주에서 태어났어. 나의 아버지 안태훈은 일찍이 개화사상을 받아들여 서양 학문에 관심이 많았고, 일본 유학생 후보로도 뽑힌 적이 있었지. 그런 아버지 덕분에 나도 일찍이 서양 문물을 접할 수 있었어. 그러던 중 아버지가 정부 관료의 모함을 받아 명동성당으로 피신한 일이 있었는데, 그 일을 계기로 우리 가족 모두 천주교 신자가 되었지. 나는 신부님을 도우며 천주교 교리와 서양 문물을 배우기 시작했어.

이때 내 인생을 바꾸는 큰 사건이 일어났어. 바로 러일전쟁이야. 일본은 이 전쟁이 한국의 독립과 동양의 평화를 지키기 위한 것이라고 주장했어. 나도 그 말을 믿고, 내심 일본이 이기길 기대하기도 했지. 하지만 그건 거짓말이었어. 일본은 전쟁 중 우리나라에 **한일의정서**를 강요하고, 각종 이권을 빼앗아 갔거든. 결국 러일전쟁에서 승리한 뒤엔 을사늑약을 강요해 우리의 외교권마저 앗아가고 말았어. 그 중심에 있었던 인물이 바로 이토 히로부미야. 그는 겉으로는 우리 고종 황제 앞에서 '동양 평화'를 이야기했지만, 속으로는 한국과 중국을 침략할 계획을 세우고 있었지. 그래서 나는 이토가 동양 평화를 해치는 가장 큰 주범이라고 생각했어.

나는 우리나라의 독립과 동양 평화를 위해 더욱 적극적인 행동에 나서야겠다고 생각했어. 곧바로 연해주로 가서 의병 활동에 전념했지. 그러던 중, 1909년 10월 이토 히로부미가 하얼빈에 온다는 정보를 접하게 되었고, 나는 동지들과 함께 그를 처단하기 위한 계획을 세웠어. 그리고 마침내 하얼빈역에 도착한 이토를 향해 방아쇠를 당겼고, 저격은 성공했어. 체포된 후 신문을 받는 과정에서 나는 당당하게 말했단다. "내가 이토 히로부미를 죽인 것은 한국 독립전쟁의 한 부분이요, 또 내가 일본 법정에 서게 된 것은 전쟁에 패배하여 포로가 되었기 때문이다. 나는 개인 자격이 아니라 대한의군 참모중장 자격으로 조국의 독립과 동양의 평화를 위해 이 일을 행한 것이니 만국공법에 의해 처리하도록 하라." 더불어 이토의 죄목 15가지를 조목조목 밝혔지.

이후 나는 수감되어 재판을 받았어. 재판 과정에서 나는 이렇게 주장했어. "이번 거사는 나 개인이 아닌 한국의 독립과 동양의 평화를 위한 일이다. 일본은 러일전쟁 전에 동양의 평화를 유지하고 한국의 독립을 도와주겠다고 했다. 하지만 이토는 그런 약속을 무시하고 우리를 협박해 을사늑약을 맺었다. 이어 정미조약을 맺어 한국인이 더 큰 불이익을 당하게 만들었다. 급기야 고종 황제 폐위까지 강행했다. 그렇기에 한국인은 이토를 원수로 삼게 되었다. 그래서 나는 이토를 원수로 삼고, 정의를 위해 그를 죽였다."

첫 재판 이후, 형식적인 재판이 계속 이어졌어. 일본 정부가 재판부를 압박했기 때문에 재판은 서둘러 끝나버렸지. 결국 마지막 재판에서 판사는 내게 사형을 선고했어. 하지만 나는 항소하지 않았어. 내가 떳떳하다는 것과 동양 평화를 이루고자 하는 내 의지를 세상에 분명히 알리고 싶었기 때문이야. 나는 감옥에 갇혀 있는 동안 나의 생각을 담아 『동양평화론』이라는 글을 쓰기 시작했어. 안타깝게도 글을 완성하지는 못했지만, 다행히 서문과 **전감**이라는 부분이 남아 있어.

나는 『동양평화론』의 '서문'에서 러일전쟁을 돌아보며 동양의 세 나라, 한국·중국·일본의 평화에 관해 이야기했어. 특히 일본이 러일전쟁에서 승리한 것은 한국과 중국의 도움이 있었기 때문이라고 분명히 밝혔지. 하지만 일본은 전쟁에서 이긴 후, 오히려 우리를 탄압했어. 나는 서문을 통해 일본의 이런 행동이 얼마나 위험한 일인지 강력히 경고했어.

또한 '전감'에서는 러일전쟁의 원인과 그 이후의 상황을 깊이 있게 분석했어. 만약 그때 동양의 세 나라가 서로 힘을 합쳤더라면 역사가 달라졌을지도 모른다고 생각했거든. 특히 전쟁 당시 한국과 청나라가 일본을 배척하지 않고 동양의 평화를 원했던 점을 강조했어. 하지만 일본은 결국 제국주의라는 잘못된 길을 선택하고 말았지. 나는 이런 일본의 행동을 비판하며 '전감'의 마지막 부분에 다음과 같이 썼어.

"슬프다. 그러므로 자연의 형세를 돌아보지 않고 같은 인종인 이웃나라를 해치는 자는 끝내 따돌림을 받아 혼자가 되는 재앙을 결코 피하지 못할 것이다."

나는 『동양평화론』을 완성하기 전에 사형이 집행되는 바람에 동양 평화를 위한 구체적인 방안을 끝까지 다 쓰지 못하고 미완성으로 남길 수밖에 없었어. 하지만 나와 재판부 사이에 오간 신문조서나 청취서, 그리고 공판에서의 진술 기록을 보면, 내가 평소에 동양 평화를 어떻게 실현하려 했는지 충분히 알 수 있어. 그 내용을 정리하면 다음과 같아.

① 동양 평화 회의를 열고 한국, 중국, 일본의 시민들이 함께 참여하며 회비를 모아 운영하자.
② 3국이 함께 은행을 만들고 공용 화폐를 발행해 경제 협력을 하자.
③ 각국에 평화회의 지부와 은행 지점을 세우자.
④ 뤼순에 일본 군함을 정박시켜 평화를 지키자.
⑤ 3국 청년으로 평화군을 만들어 다국어 교육을 시키자.
⑥ 일본이 주도해 한국과 중국의 산업을 함께 발전시키자.
⑦ 세 나라의 황제가 로마 교황에게 대관을 받아 국제 신뢰를 얻자.

내가 말한 동양 평화는 한국, 중국, 일본이 서로 침략하지 않고 힘을 합쳐 서양의 침략에 맞서고 함께 번영하자는 것이었어. 특히 세 나라가 공동으로 은행을 세우고 같은 화폐를 사용하자는 생각은, 지금의 유럽연합(EU)을 떠올리게 할 만큼 시대를 앞선 구상이었지. 이쯤 되면 역사를 좋아하는 친구들은 이렇게 물을 수도 있을 거야. “동양평화론은 안중근만 주장한 게 아니라고 하던데요?” 하고 말이야.

맞아. 물론 당시 나 말고도 동양평화론을 주장한 사람들이 많았어. 예를 들어 흔히 우리가 위정척사파라고 부르는 세력도 동양평화론을 말한 적이 있어. 하지만 그들은 중국 중심의 질서를 지키려는 입장에서 동양 평화를 주장했어. 일진회나 이완용 같은 친일 세력도 동양평화론을 이야기했지만, 겉과 속이 다른 일본의 주장을 반복하는 수준에 머물렀지. 하지만 내가 생각한 동양평화론은 기존의 주장들과 분명히 달랐어. 나는 한국, 중국, 일본이 서로 협력하자는 ‘삼국 제휴론’을 바탕으로 하되 거기서 한 발짝 더 나아갔어. 평화회의를 열고, 연합군을 만들며, 공동 은행을 세워 같은 화폐를 발행하자는 구체적인 방안을 제시한 거야. 또한 동북아시아뿐만 아니라 동남아시아까지 포괄하는 동아시아 공동체를 만들자는 큰 그림을 그렸어.

나는 ‘민중’을 믿었어. 민중이란 특별한 누군가가 아니라, 우리처럼 평범한 사람들이야. 나는 나라나 인종보다도 사람이 중요하다고 생각했어. 피부색이나 출신에 따라 차별하는 서양의 인종차별주의나, 다른 나라를 침략하던 일본 제국주의와는 아주 다른 생각이었지. 나는 사람 하나하나가 세계 평화를 이끌어갈 수 있다고 믿었거든.

누군가는 나의 동양평화론에 대해 이렇게 이야기할 수도 있어. "어차피 말로는 누구나 평화를 외칠 수 있어. 정말 중요한 건 행동으로 옮겼느냐야." 맞는 말이야. 그런데 나는 말로만 외치지 않았어. 말과 행동을 함께했던 사람이지. 의병 활동에 나서기 전, 나는 '애국계몽운동'에 힘을 쏟았어. 쉽게 말해, 나라를 사랑하고 백성들의 생각을 깨우는 운동이야. 나는 학교를 세우고 운영하면서, 교육을 통해 독립과 평화를 이루려고 노력했어. 전쟁이 아닌, 평화로운 방법으로 우리나라와 동양 전체의 미래를 바꾸고 싶었거든. 게다가 의병으로 싸우던 시절, 나는 전투에서 일본군 병사를 포로로 잡은 적이 있었어. 하지만 나는 그를 죽이지 않았어. 당시 국제 사회에서 지켜야 할 규칙, 즉 '만국공법'이라는 국제법에 따라 포로를 풀어줬지. 일부 동료들은 "왜 적군을 살려 보내냐?"고 반대했지만, 나는 끝까지 평화와 인도주의를 지키고 싶었어. 전쟁 속에서도 야만적인 방식이 아니라, 사람을 존중하는 방식으로 싸우고 싶었거든. 그러니 꼭 기억해줘. 나는 결코 말로만 동양의 평화를 외치던 사람이 아니었어. 행동으로 보여주었던 사람이었지.

이제 나의 이야기를 마무리할 시간이야. 내가 이토 히로부미를 향해 쏜 총탄은 단순히 복수를 위한 것이 아니었어. 그 총탄은 내가 꿈꿨던 '동양의 평화'를 세계에 알리기 위한 외침이었어. 나는 내 총성이 단지 한 사람을 겨냥한 것이 아니라, 전쟁이 아닌 평화, 지배가 아닌 협력, 침략이 아닌 공존을 바라는 염원을 담고 있었다고 믿어. 아, 마지막으로 요즘 동아시아 정세도 여전히 복잡하고 갈등이 많다고 들었어. 그래서 나는 묻고 싶어. 내 이야기가 단지 오래전 옛날이야기처럼 들리지만은 않지? 이제는 너희 차례야. 나는 동양 평화를 위해 행동했어. 오늘을 살아가는 너희는 어떤 평화를 꿈꾸고 있니? 너희의 생각, 나도 꼭 듣고 싶어.

안중근 의사는 조국의 독립을 위해 싸운 독립운동가이자, 동양의 평화를 꿈꾼 평화주의자였습니다. 그는 뤼순 감옥에서 자신의 삶과 철학, 그리고 국제 정세에 대한 깊은 통찰을 담아 『동양평화론』을 집필했고, 한국·중국·일본 세 나라가 힘을 합쳐 서양의 침략에 대응하고 공동으로 번영해야 한다고 주장했습니다. 안중근 의사가 이토 히로부미를 향해 쏜 총단은 단순한 응징이 아니라, 자신의 평화 사상을 세계에 알리기 위한 외침이었습니다. 그리고 그의 외침은 지금도 여전히 우리에게 많은 생각거리를 던져줍니다. 동아시아의 영토 분쟁, 역사 왜곡, 이념 갈등 등은 아직도 해결되지 않은 과제로 남아 있기 때문입니다.

안중근의 총성이 전쟁이 아닌 평화, 지배가 아닌 협력, 침략이 아닌 공존을 바라는 염원을 담고 있었던 것인 만큼, 이제 우리는 스스로에게 질문을 던져봐야 합니다. '만약 내가 안중근 의사였다면, 지금의 동아시아 갈등을 어떻게 해결하고 평화를 이루려 했을까?' '『동양평화론』을 오늘날 다시 쓴다면, 어떤 생각과 아이디어를 담을 수 있을까?'

독립문 글씨의 주인공 김가진

—

74세의 노인이 국경을 넘은 이유는 무엇일까?

"묘비도, 훈장도 남지 않은 비운의 독립운동가 김가진. 독립문 글씨만이 지금 우리에게 남은 그의 흔적입니다. 자신에게 주어질 부귀영화를 모두 버리고 74세에 국경을 넘어 독립운동에 뛰어든 그가 이루려고 한 것은 무엇이었을까요?"_김미연

독립문
獨立門

여러분, 한국사 교과서에서 독립문 사진을 본 적 있나요? '청 사신을 맞이하던 영은문이 헐린 자리 앞에 독립문을 세우고, 청 사신을 대접하던 모화관을 독립관으로 개조하면서 그 일대를 독립 공원으로 조성하였다.' 그렇습니다. 이 문은 러시아를 비롯한 힘 있는 외국의 간섭을 벗어나기 위해 서재필을 중심으로 개화파 세력이 세운 독립문입니다. 문의 앞뒤로는 한글과 한자로 '독립문' '獨立門'이라는 글자가 새겨져 있지요.

얼마 전, 이 글씨를 쓴 사람이 이완용이 아니라 김가진이라는 내용의 전시가 한 박물관에서 열렸는데요. 그동안 많은 사람이 이 글씨가 당시 독립협회의 위원장이었던 이완용의 글씨라고 했지만, 최근 여러 연구에 따르면 동농 김가진이라는 독립운동가의 글씨라는 점이 밝혀지고 있습니다. 교과서 어떤 곳에서도 마주한 적이 없던 김가진은 그의 일가족 3대에 걸쳐 모두가 독립운동에 헌신한 가문의 큰 어른입니다. 당시 함께 망명한 며느리 '정정화'는 임시정부의 안주인으로 독립자금을 모으기 위해 목숨을 걸고 국경을 넘나들었고, 아들 '김의한'은 한인애국단, 광복군 주계 등 숱한 독립운동의 기록을 남겼지요. 하지만, 그는 독립운동가들에게 주어지는 훈장도 받지 못했고, 그의 흔적은 이제 이 세상 어디에서도 찾을 수 없습니다. 그가 독립운동을 하기 위해 중국으로 망명했을 때의 나이는 74세입니다. 곧 세상을 떠나도 이상하지 않은 나이에 독립운동을 위해 가족 모두를 이끌고 중국으로 망명한 동농 김가진, 후대의 우리에게 어떤 이야기를 들려주고 싶었을까요?

안동 김씨 가문에서 태어나 문과에 급제했고, 일본공사관 **참찬관**으로 4년간 대일 외교를 담당한 최고의 일본통, 대한제국기까지의 기록은 국내보다 일본의 기록에서 더 많은 일화를 찾을 수 있는 사람, 농상공부 대신, 중추원 의상, 이윽고 조선귀족령에 따라 '남작'의 작위를 일제로부터 받은 이력.

나의 이름 김가진(金嘉鎭, 1846~1922)을 검색하면 나오는 내용이오만, 어떤 이들은 '남작'의 작위를 받은 이력 때문에 친일을 했다고 오해하고 있지. 하지만 나는 당시 정부의 고위 관직에 있으면서 끊임없이 개혁 정책을 추진하고 공사관 일을 도맡아 하고 있었소. 일제는 당시 조선귀족령이란 것을 만들어 나와 같이 직책을 맡은 이들이 사회에 미치는 영향력이 클 것으로 판단하여 우리의 협조를 유도하려 했고, 당시 관직에 있던 나는 형식적으로 작위를 받게 되었지. 하지만 나는 한 번도 일제에 협력한 적은 없었소. 비밀리에 대동단을 조직하고 결국 망명하여 평생을 독립운동에 투신한 내 삶은 오로지 나라의 앞날을 걱정하며 살아왔기에 부끄럽지 않다고 말할 수 있소. 정치, 사회, 외교, 경제 등 내가 도움이 될 수 있는 분야라면 언제든 가리지 않고 나서서 일했소. 당시 상무회의소를 설치했던 이유도 일본 상인들의 국내 침투에 맞서 우리 상인들의 이익을 보호하고 싶었기 때문이오. 상업의 발전이 곧 국가의 이익과도 연관되어 있지 않겠소? 양반임에도 상업에 관심을 가지는 나를 주변에서는 달가워하지 않기도 했지만 말이오.

내가 과거에 합격하여 처음 관직에 나왔을 때는 세상이 아주 혼란했소. 우리나라를 조금 더 발전시키기 위해, 외세 압력에 굴하지 않는 나라를 만들기 위해, 나는 많은 일들을 했소. 일본, 오스트리아와도 교섭을 진행하고 갑오, 광무개혁에도 나섰지. 갑오년의 개혁 당시 대원군, 일본, 우리의 황실까지 복잡하게 이해관계가 얽혀 있었기에 실패했고, 나는 당시 파천당할 위기에 처하기도 했었소.

이후에도 번번이 개혁은 좌절되었소. 결국 나는 정치가 아니라 사회를 움직여야 한다고 생각했고, 이를 위해 서재필의 뜻에 따라 독립협회에 참여하게 되었지. 비록 위원장 이완용은 친일의 길로 들어섰지만, 이곳에서 나는 헌의 6조를 올리며 우리나라가 꼭 개혁을 통해 다시 살아나길 바랐소. 시대의 흐름은 분명 '민중이 권력의 중심에 서는 때'일 거라는 믿었기 때문이오. 하지만 그것도 결국 실패했소. 종로 한복판에서 천막을 치고 시위를 개최했고 민중을 모았지만, 지난 개혁이 실패했던 것처럼 우리를 역적으로 몰아 황제를 몰아내고 나라를 전복시키려 한다고 모함을 일삼던 수구 세력에게 밀려났던 것이오. 민중의 뜻을 깨닫고 부패한 이들을 물리치길 원했지만 모든 게 생각대로 되지 않았소. 그때의 좌절은 말로 다 할 수 없소. 내가 쓴 '독립문'이라는 글씨가 언젠가는 당당하게 빛을 발할 것인가? 과연 독립의 그 날은 올 것인가? 외세의 간섭을 물리치고, 떳떳하게 주권을 펼칠 날은 올 것인가? 회한이 밀려왔지만, 가만히 있을 수 없었소. 을사년의 조약을 반대하는 것을 넘어 나는 다시 대한협회를 조직하여 회장에 취임했고, 끊임없이 일본에 합방되어야 한다고 주장하는 일진회의 주장을 비판하고 여론을 만들기로 결심했지. 그로 인해 나는 경시청으로 소환되어 경고도 받았지만 내 의지는 꺾을 수 없는 것이 되었소.

시간이 흘러 일제가 우리의 국권을 빼앗았을 때 나는 이제 무엇을 해야 하는가에 대한 고민이 깊어졌소. 작위를 받고 호의호식한 이들도 많았지만 나는 그럴 수 없었소. 당시 끊임없이 회유하려는 일제의 접근이 시작되었고, 나는 대한제국의 고위 관직에 있었다는 이유로 남작의 작위도 받았지. 하지만 내가 원해서 받은 것은 아니오. 관직에 있는 이들에게 모두 부여된 것일 뿐, 난 결코 시대에 편승하여 식민지의 백성으로 살고 싶지 않았소.

"넓고 넓은 우주에 수많은 인간이 있거늘, 하필 이 나라, 이 시국에, 이 몸으로 태어났는가?

이 겨레 이천만을 어찌 차마 바라보랴.

하루아침에 모두 솥 안의 물고기가 되었구나."

독.립.

우리 모든 인간에게는 태어날 때부터 자유가 주어지지 않았소? 그런데 일제는 우리를 솥 안의 물고기로 가둬버렸소. 나는 모든 이의 자유와 독립을 위해 무언가를 해야겠다고 결심했지. 1919년 3월 1일, 온 민족의 독립선언이 울려 퍼진 뒤, **대동단**을 결성했소. 강력한 투쟁을 결심하고 시행하기로 한 순간이었소. 하지만 뜻대로 되지 않았지. 대한제국의 의친왕 이강을 대한민국 임시정부가 있는 상하이로 망명시키려고 했지만 이마저 실패하고 나는 결국 중국 상하이로 망명하기로 결심했소. 어떤 이들은 그렇게 말하지. 왜 독립운동을 다른 나라에 가서 하느냐고.

국내에서는 모든 수단과 방법을 가리지 않고 활동해도 한계가 분명했소. 따라서 나는 국외에서 독립을 위한 기틀을 먼저 마련하고 그다음 국내로 진공 작전을 펼쳐야 한다고 생각했소. 국외에서 무력을 결집하여 전쟁을 불사해야 한다고 판단한 거요. 평화, 타협, 무력투쟁… 수많은 독립을 위한 투쟁 방법 중 내가 선택한 것은 '무력투쟁'이었지. 그것만이 우리의 힘으로 독립을 쟁취할 수 있었다고 믿었기 때문이오.

상하이로 망명하던 그때, 내 나이 74세였소. 솥 안의 물고기가 된 백성들을 자유로운 몸으로 만들어주는 것이 국가의 녹을 받은 관리의 마지막 임무라고 생각했소. 가족과 함께 상하이로 가서 대동단 총재의 명의로 일제의 억압에 대한 강력한 투쟁을 선포했고,

바로 군자금을 모으기 시작했지.

나의 아들, 며느리도 상하이로 오게 했소. 그들도 함께 독립군이 되어 항일 투쟁에 앞섰지. 대한민국 임시정부가 수립된 이후 나는 곧 북로군정서로 갔소. 그곳에는 김좌진 장군이 있었지. 나는 북로군정서의 고문이 되었고, 독립운동에 있어서 만큼은 반드시 목숨을 건 투쟁만이 독립을 이끌 것으로 생각했소.

독립운동의 과정에서 많은 세력이 서로의 방향을 두고 대립할 때, 내가 할 수 있는 것은 그들의 사이를 중재하는 것, 그리고 힘을 모아 독립운동 세력을 키워가는 것이었소. 나라를 되찾고자 하는 의지가 누구보다 강했기에 그들은 대립할 수밖에 없었지. 각자의 주장에는 나름의 이유가 명확했기에 그들의 뜻을 하나로 모으는 것 역시 매우 어려운 일이었소. 그래도 나는 죽기 전까지 그들의 뜻을 하나로 모으기 위해 수많은 산과 강을 넘나들며 대동단결을 호소했다오.

그로부터 몇 해 지나지 않아 나는 죽음을 맞이했지만, 내 뜻은 그때와 같소. "대동 사회", 대동단의 뜻, 하나의 큰 뜻으로 함께 모이기를, 모든 이가 자유롭고 평등하게 자신의 힘으로 살아갈 수 있는 사회, 그 사회가 바로 내가 꿈꾼 것이오.

많은 독립운동가가 국외에서 활동했기 때문에 광복 이전 세상을 떠난 분들은 그 유해가 아직 국내로 봉안되지 못한 경우가 많습니다. 서훈받은 독립운동가들은 차츰 유해를 모셔 오고 있지만, 동농 김가진의 묘소는 그 흔적도 남아 있지 않습니다. 해방 후에, 김구 선생은 김가진 선생의 며느리였던 정정화 여사를 찾아갑니다. 그리고 당신의 시아버지를 모셔 와야 하지 않겠느냐고 했지만, 정정화 여사는 자신의 가족보다 먼저 다른 독립운동가들의 유해를 모셔 와야 한다고 말합니다. 하지만 중국에서 곧 문화대혁명이 일어나고 맙니다. 수많은 문화재가 망가졌고, 이때 한국인 독립운동가들의 유해를 묻어두었던 장소들도 모두 파헤쳐집니다. 김가진 선생의 묘소도 그때 사라졌죠. 유해가 없더라도 서훈을 내릴 수 있지만, 김가진 선생은 이조차 받지 못했습니다. 일제의 남작 작위를 받았기 때문이죠. 3세대에 걸쳐 독립운동에 헌신했던 동농 김가진, 74세에 국경을 넘었고, 고국으로 돌아가지 못할 처지임을 예상했을 텐데도 그가 생을 헌신했던 이유는 무엇일까요, 그가 오늘의 우리에게 하고 싶었던 말은 무엇이었을까요?

헤이그 특사가 된 20살의 이위종

—

화려한 삶 대신 독립의 길을 선택한 이유는 무엇일까?

"외교관의 아들로서 귀족학교에 다닌 금수저 이위종. 그는 헤이그 특사로 파견된 이후 삶의 내리막길을 걷습니다. 일제의 회유와 압박에도 불구하고 연해주까지 독립운동을 이어갑니다. 지독한 가난에 가족과도 헤어졌던 그가 독립운동에 뛰어든 이유는 무엇이었을까요?"_김미연

“1907년, 고종은 을사늑약의 부당함을 알리기 위해 만국평화회의가 열리는 네덜란드 헤이그로 이준, 이위종, 이상설 3명을 파견했습니다. 이를 알게 된 일제는 고종을 강제로 퇴위시킵니다.”

이것이 우리가 알고 있는 헤이그 특사에 관한 역사적 사실입니다. 역사 속 헤이그 특사에 관한 이야기는 많은 학생에게 익숙한 주제입니다. 하지만 특사로 파견된 세 사람의 이야기를 우리는 알지 못합니다. 특히 가장 나이가 어렸던 이위종은 7살이 되었을 때부터 외교관이었던 아버지를 따라 미국, 프랑스를 돌며 귀족학교에서 수학한 인재였습니다. 망국의 시기, 자신의 재능과 신분을 잘 이용했다면 분명 부귀영화를 누렸을 테지만, 이위종은 그렇지 않았습니다. 일제와 러시아 정부의 끊임없는 감시 속에서도 독립자금을 연해주로 전달했지요. 이 일을 계기로 그의 형은 일제의 고문을 받아 정신질환을 앓다가 객사하였으며 국권이 상실된 이후 아버지마저 자결로 생을 마감하였습니다. 결국 생활고에 시달리던 이위종은 부인으로부터 이혼까지 통보받게 됩니다.

그 이후 이위종의 행적은 자세히 알려지지 않았으며, 우리는 그가 어디에 묻혔는지도 모릅니다. 편하게 살 수 있었던 기회가 여러

번 있었지만 이를 포기하고 독립운동가의 삶을 선택했던 이위종, 그에게 독립운동의 시발점이 되었던 헤이그 특사 파견, 이위종은 헤이그에서 무엇을 이야기하려고 했을까요?

어느 날 아버지께서 부르셨습니다. 황제 폐하로부터 칙사가 곧 도착할 것이니 채비를 하라고 말입니다. 한때 평리원(지금의 검찰청) 검사였고, 제국의 의정부 참찬이었던 높으신 분들과 함께 나이가 한참 어린 내가 동행해야 한다는 것은 어떤 의미인가, 감히 내가 할 수 있는 역할이라는 게 있을까… 생각이 많아졌습니다.

그렇습니다. 대표였던 이준 선생은 언제나 옳은 일에 소신을 보이며 매국 행위를 일삼는 이들을 처벌해야 한다고 주장하던 검사였어요. 하지만 일제의 영향력이 확대되자 결국 스스로 물러나셨죠. 이상설 선생 역시 국가의 고위 공직자이며 을사늑약을 강하게 반대하고 간도로 이동해 학교를 세웠던 분이기도 합니다. '내가 할 수 있는 역할'에 대한 고민은 결국 헤이그에 가서도 이어졌지요.

아버지는 어쩌면 좌절했을지도 모릅니다. 우리 황제의 칙서를 들고 있는 이준, 이상설 열사를 한 번도 만나주지 않았던 러시아 황제의 모습을 보며 아버지는 어떤 생각을 하셨던 것인가? 그동안 우리 부자(父子)는 러일전쟁 당시 **칙서**와 특사 파견을 앞두고 회의 참여 협조를 요청하는 황제의 친서를 5통이나 전달했기에 아버지는 당신의 신뢰가 무너져 내리는 감정을 느끼셨을 것입니다. 그럼에도 포기하지 않고 헤이그로 나를 보냈던 것이지요.

기차를 타고 겨우 당도한 헤이그, 우리는 회의의 의장이었던 넬리도프를 찾아갔습니다. 하지만 그는 회의가 개최되고 있는 네덜란드 정부에 책임이 있다며 만남을 거절했지요. 네덜란드 외상은 을사년의 조약으로 우리 대한제국은 이미 외교권을 상실했기 때문에 **참가 자격**이 없다고 했습니다. 영국, 미국, 독일과 프랑스… 우리는 대표들을 계속 만났지만 황제의 친서를 전달할 수도 목소리를 낼 수도 없었어요. 왜 그랬는가? 평화를 논하는 자리에서 왜 우리를 단 한 번도 회의에 참여시키지 않는가? 이런 고민조차 할 수 없을 만큼 주어진 시간이 촉박했습니다. 회의장에 들어갈 수 없는데 어떻게 사람들에게 우리가 대한제국 황제 폐하의 특사이며, 일본의 흉악함을 알리러 왔다는 것을 말할 수 있겠습니까?

나는 대표의 자격으로 펜을 들었습니다. 이준, 이상설 선생의 뜻에 따라 나의 재능으로 위기를 극복해보려고요. 나는 어린 시절부터 미국, 프랑스, 러시아의 한국 대사관에서 근무한 아버지를 따라 학교에 다녔기에 외국어에 익숙했습니다. 그 장점을 활용하여 펜으로 우리의 현실을 알리고 싶었죠.

"이러한 일본의 행위가 국제조약을 위반했는가, 아닌가는 공평한 입장에서 판단해주시길 부탁드립니다."

나는 을사년의 조약 이후 일본이 행한 수많은 불법적인 일들을 찾아 기록했고, 이를 각국의 언론사에 보냈습니다. 마침내 『만국평화회의보』의 발행인이었던 영국인 스테드가 우리에게 귀 기울여주었습니다. 나는 스테드에게 평화를 논의한다는 이 회의가 실은 모순덩어리임을 강조했습니다.

"세계의 평화를 논의하는 자리에 왜 '약소국'은 참여할 수 없는가? 을사년의 조약으로 일본에 우리의 외교권을 부탁한 것이 아니다. 조약이라도 할 수 없다. 그것은 일본의 협박으로 강제 체결된 것이며 우리의 의지가 아니다. 일본의 불법적인 행위들을 만국공법에 따라 심판해주길 바란다. 우리를 독립 국가로 모두 인정했던 열강들이 을사년의 조약 하나로 우리를 모두 외면한다면 과연 그것이 당신들이 말하는 정의인가?"

나는 진정한 정의를 약소국에도 보여주기를 바랐습니다. 여러 차례 각국의 신문사를 돌아다니며 호소문을 돌렸지만, 우리의 주장에 귀 기울인 사람은 스테드밖에 없었습니다. 하지만 그 한 명이 여러 명의 몫을 해냈지요. 우리의 인터뷰가 드디어 『만국평화회의보』에 실린 겁니다. 그리고 스테드의 사회로 각국의 기자들 앞에서 연설할 수 있는 기회를 얻었습니다. 어떤 부분에 주목해서 이야기할 것인가? 한국의 상황만을 이야기한다면 그들이 동의해주지 않을 게 뻔했습니다. 그래서 나는 보통의 '평화' '자유'에 대한 정의를 먼저 이야기했습니다. 보편적 가치에 부합하는, 그래서 마땅히 이루어져야 할 한국의 독립을 이야기하고 싶었습니다.

"한국의 독립과 자유가 실현되지 않는다면, 평화는 얻어질 수 없습니다."

그러나 우리의 노력에도 불구하고 헤이그에서는 일본의 불법행

위에 대해 비판하는 한 줄 성명조차 내지 않았습니다. 그리고 안타깝게도 이준 선생이 갑자기 세상을 떠났지요. 이상설 선생과 나는 무장투쟁만이 살길이라는 생각을 공유했습니다. 다만 그 전에, 한 번 더 국제 사회에 호소하자고 뜻을 모았지요. 우리는 다시 미국으로 갔습니다. 그곳에 고종 황제의 칙령을 받은 헐버트가 있었거든요. 그렇게 나는 독립의 꿈을 꾸며 발걸음을 내디뎠습니다.

여러분, 미국으로 건너간 이상설, 이위종은 미국 대통령 루스벨트를 만났을까요? 헐버트가 실패한 것처럼 그들도 성과를 이룰 수 없었습니다. 이위종은 결국 러시아로 돌아왔습니다. 그 사이 이위종의 아버지는 1만 루블(현재 가치로 2~4억)을 준비하고 있었습니다. 이위종은 다시 연해주로 떠납니다. 무장투쟁을 기획하던 최재형, 안중근, 이범윤을 만나게 되고 그곳에서 동지회 결성에 큰 역할을 합니다. 이위종이 가져간 1만 루블은 안중근의 의거를 비롯한 연해주의 이후 많은 의병, 계몽 활동에 필요한 자금으로 사용되었습니다. 그로 인해 이위종의 형 '이기종'은 안중근 의거에 연루되었다는 혐의로 일제의 고문을 받아 정신질환을 앓게 되고 결국 객사합니다. 헤이그 특사 이후 일제의 숱한 감시를 받던 이위종, 1만 루블을 연해주에 전달하여 독립자금으로 활용하도록 했던 그는 이제 러시아 당국의 감시까지 받게 됩니다. 당시 일제는 자국에 피신한 러시아혁명 세력을 볼모로 이위종 등 연해주의 독립운동 세력을 만주로 보내도록 러시아 정부와 협상하였고, 실제로 이위종은 러시아 정부로부터 만주로 이주하라는 명을 받기도 했죠. 또한 일제는 이위종 부자(父子)에게 국내로 귀환하기를 지속적으로 회유합니다. 하지만 그들은 가지 않고 러시아에 계속 남아 있게 됩니다. 이후 1910년 국권이 피탈되자 이위종의 아버지는 자결로 생을 마감하지요. 그리고 모든 것을 처분하여 이위종에게는 돈 한 푼 남기지 않았어요. 재산을 모두 독립자금으로 전달했기 때문입니다. 하지만 이위종은 아버지를 원망하지 않았습니다. 장례를 치른 그는 다시 독립운동에 뛰어듭니다. 그런데 또 다른 불행이 닥칩니다. 바로 가족을 돌보지 않는 이위종에게 부인으로부터 이혼서류가 도착한 거예요.

당시 세 자녀의 아버지였던 이위종은 생계를 유지하기 위해 결국 러시아로 귀화합니다. 그리고 러시아 정부에 요청합니다. 때로는 아버지 이범진과 러시아 정부의 친밀했던 관계에 호소하기도 하고, 그가 러시아 정부로부터 받은 훈장을 빌미로 연금을 요구하기도 하지요. 한때는 보드카 판매소 취직까지 알선해달라는 요청까지도 합니다. 러시아 정부는 과거 한러 우호관계의 공을 높이 사고 그에 따른 지원도 지속하게 됩니다. 경제적 문제를 해결하기 위함도 있었지만 동시에 러시아로부터 신변 보호를 끊임없이 요구하여 일제의 감시를 피하기 위함도 있었던 것이지요. 그렇다고 경제 상황이 많이 좋아진 것은 아니었기 때문에 결국 이위종은 부인과 이혼을 결정합니다.

그 이후의 행적에 대해 자세히 알려진 바는 없습니다. 단지 몇몇 기록에서 이위종은 러시아의 군사학교에 재입대하여 장교 교육을 받았으며 1920년에는 그가 약 4천 명 정도의 한인병사를 이끄는 대장이 되었다는 사실만 남아 있지요. 그리고 그는 행방불명이 되어 죽는 순간까지 투쟁하며 살아갔습니다. 1907년 헤이그의 연설에서 그는 고종 황제의 부패, 엄청난 세금 징수로 인한 민중의 고통 등을 이야기하고, 1919년 3·1운동 기념식장에서 미국의 사리사욕을 비판하고 박해받는 이들의 자유를 위해 투쟁할 것을 호소하는 모습을 보입니다.

자신이 가진 재능을 친일하는 데 다 썼다면 그는 평생 호화롭게 살았을 겁니다. 하지만 이위종은 그러지 않았습니다. 모든 재능을 독립운동에 사용했고 가족에게 닥친 비극에도 끝까지 투쟁했어요. 자신은 재산, 권력, 신분 모두 높은 곳에서 태어났지만, 삶의 전부를 가장 낮은 곳에서 헌신했던 그는 어떤 삶의 가치를 추구했던 것일까요? 그의 투쟁의 삶은 지금 우리에게 무엇을 알려주고 있을까요?

노년에 일제에 맞선 강우규

—

우리는 어떤 선택을 해야 하는가?

"매 순간 선택의 기로에 서서 고민하는 우리….
어떤 방식으로, 어떻게 선택해야 할지, 강우규 의사의
이야기를 통해 해답을 찾아보고자 합니다."_이관우

하루에도 수십만 명의 사람들이 바쁘게 오고 가는 서울역 광장 중앙. 그곳에 주먹을 불끈 쥐고 단호한 표정을 한 사람의 동상이 있습니다. 자세히 들여다보면 한 손에 수류탄 모양의 폭탄을 들고 있어요. 게다가 폭탄을 투척하려고 무릎을 앞으로 내민 모습도 살펴볼 수 있는데요. 이처럼 비범한 표정과 자세를 취한 이 인물은 바로 일제강점기 독립운동가로 활약한 강우규 의사입니다. 그는 국권 회복이라는 일념을 품고 본격적으로 독립운동에 뛰어들었는데, 그때 그의 나이는 이미 50세를 넘긴 터였습니다. 고령인데도 불구하고 강우규는 몸소 일제에 맞섰습니다.

1910년 일본에 조선의 국권을 빼앗긴 후 1945년 광복에 이르기까지 약 35년간 조선 땅은 남녀노소의 울분과 저항심으로 끓어올랐습니다. 나이도, 성별도, 직업도 중요하지 않았습니다. 일본으로부터 하루빨리 국권을 되찾고자 하는 열망으로 뭉쳐 있었으니까요. 지금부터 일제강점기 당시 일본에 저항했던 독립운동가로서 적지 않은 나이에도 불구하고 일본의 억압적인 통치와 불의에 맞서 싸운 강우규 의사의 이야기를 직접 들어보겠습니다.

안녕하십니까, 저는 청년 시절부터 한약방을 운영해 온 한의사이자 일제강점기에 독립운동가로 활동했던 강우규입니다. 일제에 맞선 독립운동가 하면 흔히 김구, 이봉창, 윤봉길 같은 분들이 먼저 떠오르죠. 반면 제 이름은 처음 듣거나 낯설어하는 분들이 많을 것 같습니다.

저는 1855년 평안남도 덕천군 가난한 농부의 집에서 4남매 중 막내로 태어났습니다. 그곳에서 유년 시절을 보냈는데요, 10살이 채 되기 전에 부모님 두 분을 여의고 말았습니다. 그 뒤로 누나 밑에서 한문과 한의학 등을 공부하며 청년 시절을 보내다가 30대 무렵 고향을 떠나 함경남도 홍원군으로 이주했습니다. 잡화상을 하면서 생계를 유지했지요.

제가 이주한 함경도 지역은 국권 회복 운동이 활발한 곳이었습니다. 기독교도 널리 퍼져 있었고요. 저 역시 이 같은 지역적 특성과 분위기에 영향을 많이 받았고, 마음 깊은 곳에서 독립에 대한 열망을 키워가게 되었습니다. 그러던 중 열망을 실천으로 옮길 수 있게 해준 사람을 만났는데요, 바로 대한제국 시기 군인이자 대한민국 임시정부의 국무총리를 지냈던 이동휘입니다. 저의 생활 터전이었던 함경남도가 마침 그의 고향이기도 하여 우리는 좀 더 수월하게 친분을 쌓을 수 있었죠. 저는 종종 그를 제집에 초대했고, 함께 국권 회복에 관해 이야기를 나누곤 했습니다. 제가 가장 먼저 한 일은 학교를 설립한 것입니다. 왜냐하면 무엇보다 저는 민족 교육이 중요하다고 생각했기 때문이지요. 저는 학생들에게 열심히 공부해서 일본에 빼앗긴 우리나라의 권리를 회복해야 한다고 수없이 강조했습니다. 민족의 혼과 독립의 의지를 심어주는 치열한 가르침의 시간이 이어졌죠.

그러던 중 1919년, 3·1 운동이 일어났습니다. 이 소식을 듣고 저는 오늘날 러시아 영토와 맞닿아 있는 북만주의 신흥동에서 수백 명의 사람을 불러 모아 우리나라 국기를 만들고 조직적인 만세 운동을 전개했습니다. 저는 이 일을 계기로 독립운동에서는 교육뿐만 아니라 일제에 직접 저항하는 의열투쟁 방식 또한 절실하다는 것을 깨달았습니다.

그런데 3·1 운동의 여운이 가시기도 전에 곧바로 하세가와 요시미치 총독의 후임으로 사이토 마코토 총독이 임명되어 조선을 통치할 것이라는 소식이 들려왔죠. 정말 분개하지 않을 수 없었습니다. 이는 당시 제1차 세계 대전 이후 세계의 대세였던 민족자결주의와 세계 평화를 짓밟는 조치였기 때문입니다. 이에 저는 러시아 사람을 통해 수류탄 하나를 구입하여 이를 옷 속에 숨겨 서울로 향했습니다. 신임 총독 환영 행사 준비로 일본의 경비는 매우 삼엄했죠. 수류탄을 숨기고 있는 게 자칫 탄로 날지도 모를 만큼요. 다행히 일본 경찰들은 저의 겉모습이 쇠약해 보인 탓인지 검문을 철저하게 하지 않았습니다. 당시 제 나이가 이미 65세였으니 그럴 만도 합니다.

이렇게 무사히 일본의 눈길을 피해 서울로 도착한 저는 신임 총독 일행의 예상 경로를 파악하고 폭탄을 투척할 장소, 위치 등을 선택해 거사 당일인 1919년 9월 2일만을 기다렸습니다. 마침내 9월 2일, 날이 밝자마자 저는 치밀하게 준비를 마치고 사이토 총독이 도착할 예정인 남대문역, 지금의 서울역으로 향했습니다. 수많은 군중 속에 섞여 총독이 모습을 드러내기만을 기다리고 있던 오후 5시경, 마침내 사이토 총독이 열차에서 내려 마차에 오르려고 한 그 순간, 저는 재빨리 총독의 가슴을 겨냥해 폭탄을 투척했습니다. 무수한 파편들이 총독과 총독 일행, 총독 환영 인사, 마차 등을 타격해 총 37명의 사상자를 내었지만 제 목표였던 사이토 총독은 신체에 아무런 피해도 입지 않았습니다.

폭탄 투척 이후 약 2주간 저는 숙소를 옮기면서 일제 경찰의 감시를 피해 다녔지만, 결국 1919년 9월 17일 친일 경찰 김태석에 의해 체포되었습니다. 그러고는 경성지방법원에서 폭발물 사용 위반 혐의로 사형을 선고받았죠. 이후 여러 차례 재판을 받았지만, 사형이라는 결과는 바뀌지 않았습니다.

저는 당당했습니다. 재판 내내 일본에 굴복하는 모습을 보이지 않았고 굽힘 없는 자세로 제 소신을 강력히 주장했습니다. 저는 제가 곧 조선을 대표한다는 마음가짐으로 재판장에 섰고 힘겨운 옥중 생활을 버텼습니다. 이제 저의 사형 집행 날짜가 다가오고 있습니다. 1920년 11월 29일. 죽음에 직면한 나약한 인간으로서 두렵고 떨리는 마음도 있지만, 후회는 없습니다. 제 행동에 한 점 부끄러움이 없고, 또 옳은 일을 행했다고 확신하기 때문입니다. 사형 집행관이 저에게 지금 심정이 어떠냐고 물어봅니다.

"단두대 위에 서니 오히려 봄바람이 이는구나. 몸은 있으되 나라가 없으니 어찌 감상이 없겠는가."

이 말을 끝으로 저는 떠납니다. 그러나 하늘에서라도 저는 조선이 하루라도 빨리 일본의 억압에서 벗어날 수 있도록 조선의 수많은 민중과 독립운동가에게 힘과 용기를 불어넣겠습니다.

독립운동가 강우규 의사가 태어난 19세기 중반 동아시아의 정세는 서양 세력에 의해 이웃 나라 중국과 일본이 강제로 개항을 당했고, 그 여파가 조선으로 밀려오는 위기의 상황이었습니다. 그가 중장년기에 접어들었을 때는 일본이 숨겨놨던 발톱을 조선에 들이밀어 국권을 하나둘씩 차지하더니 결국 주권까지 빼앗게 된 시기였습니다. 이처럼 강우규의 일생은 위기의 연속이었는데요. 그 순간순간마다 그는 이 난국을 어떻게 타개해 나갈 것인가를 고민하며 선택해야만 했습니다. 그리고 선택의 순간마다 강우규는 우리나라와 민족을 먼저 생각했고 행동으로 불의에 맞섰습니다.

우리는 매일매일 수없이 많은 선택의 기로에 서게 됩니다. 자신의 의지로 무엇인가를 결정하고, 방향을 정하고, 또 그런 결정에 책임을 지죠. 이럴 때 자신의 선택이 옳았다고 확신할 수 있는 기준은 무엇일까요? 강우규 의사의 삶에 비추어 보면 어렵지 않게 답이 나올 것 같습니다. 나 자신에게 부끄럽지 않은 선택을 했다면, 그것이야말로 옳고 정의로운 선택이 아닐까요?

노동자 강주룡

—

그녀가 지붕 위에 올라간 이유는?

"지붕 위 사진 한 장에 멈추지 않고, 강주룡의 용기가 담긴 목소리를 학생들과 나누고 싶었습니다."_김재록

"아니 뭐야. 저 사람 왜 저래?"

"저게 무슨 일이람."

평양 시내를 한눈에 내려다볼 수 있는 **을밀대** 지붕 위, 한 여성이 홀로 앉아 있습니다. 사람들은 무슨 일인지 궁금해하며 웅성거립니다. 하지만 그녀는 아랑곳하지 않습니다. 마치 온 세상에 무언가를 말하려는 듯 단단한 표정을 짓고 있죠. 이 그림의 원본 사진, 여러분도 한 번쯤 본 기억이 있을 겁니다. 하지만 그 인물이 누구이고, 왜 그 높은 곳에 올라가 있었는지 깊이 생각해본 친구들은 많지 않을 테죠.

때는 1931년 평양. 평원고무공장의 노동자들이 파업에 나섰습니다. 공장 주인이 예고 없이 임금을 깎겠다고 통보했기 때문입니다. 노동자들은 부당한 처우에 맞서 목소리를 높였지만, 그 목소리는 쉽게 묻히고 말았습니다. 그때 노동자 강주룡은 결심합니다. 더 많은 사람이 보고, 더 많은 사람이 듣게 만들기로요. 그리고 그림 속 지붕 위에서 힘차게 외쳤습니다.

"공장 주인이 임금을 다시 원래대로 돌려놓을 때까지, 저는 절대로 내려가지 않겠습니다!"

강주룡의 외침은 노동자들의 힘든 현실을 세상에 알리는 계기가 되었고, 그녀의 행동은 우리나라 최초의 고공 농성으로 역사에 기록되었습니다. 이제부터 강주룡이 직접 들려주는 이야기를 들어봅시다.

안녕. 나는 강주룡이야. 최근 한국사 교과서에 내 이야기가 종종 등장한다는 소식을 들었어. 하지만 나를 모르는 친구들도 많을 것 같아. 나의 어린 시절 이야기부터 시작할게.

나는 1901년 평안북도 강계에서 태어났어. 14살 때 아버지의 사업 실패로 서간도 지역으로 이사했고, 20살 때 5살 어린 남편 최전빈과 결혼했지. 남편이 독립군에 들어가서 나도 함께 독립운동에 참여했지만, 남편은 활동 중에 세상을 떠나고 말았어. 그 후 나는 평양으로 돌아와 1926년부터 평양의 평원고무공장에서 일하기 시작했지. 이때부터 노동자로서 나의 삶이 시작돼.

너희에게 한번 묻고 싶어. 만약 부모님이 다니는 회사에서 월급을 제대로 주지 않는다면 어떤 기분이 들까? 너희가 아르바이트를 하는데, 일은 힘든데, 최저임금조차 받지 못한다면 어떨까? 아무 잘못도 없는데 윗사람에게 욕설을 듣고, 심지어 폭력까지 당한다면… 너희는 그 상황을 견딜 수 있을까? 그래. 지금 말한 일들, 전부 내가 고무공장에서 직접 겪었던 일이야.

내가 고무공장에서 일하기 시작했을 때는 고무공업 분야가 한창 성장하던 시기였어. 당시 우리나라 사람들이 즐겨 신었던 고무신을 제작할 수 있었고, 일제의 통제가 비교적 덜 했기 때문에 한국인 자본가들의 진출이 활발했지. 내가 일하던 고무공장과 근처 고무공장에는 여성 노동자들이 많았어. 반복된 업무는 고되고 지쳤지만, 임금은 턱없이 낮았어. 하루에 겨우 30~48전을 받았는데, 다른 분야의 공장에서 일하는 사람들보다 훨씬 적었지. 게다가 노동시간도 들쑥날쑥해서 돈을 제대로 벌기 어려웠고 안정된 수입을 보장받기 힘들었어. 심지어 공장주나 관리자는 우리에게 자주 욕설과 폭력을 사용하기도 했어. 나와 동료들은 정말 열악한 작업 환경에서 일할 수밖에 없었지.

그래서 나와 동료들은 더 좋은 노동 조건을 얻기 위해 여러 번 파업을 했어. 1930년에는 평양의 여러 고무공장 노동자 1,800명이 모여 큰 파업을 벌였어. 그때 참여한 사람의 대부분이 우리 같은 여성 노동자였어. 비록 그 파업은 실패했지만, 나는 포기하지 않고 계속 노력했어.

그러던 1931년 5월, 우리 평원고무공장의 공장주가 갑자기 임금을 깎겠다고 선언했어. 우리는 매우 화가 났어. 임금 삭감을 받아들일 수 없었지. 그래서 공장 안에서 단식 농성을 시작했어. 하지만 공장주는 경찰을 불러 우리를 공장 밖으로 쫓아냈어. 나는 크게 실망했지만, 여기서 멈추지 않았어. 나는 더 많은 사람에게 우리의 이야기를 알리고 싶었어. 절박했던 나는 한 가지 아이디어를 떠올렸어. 바로 평양에서 가장 유명한 건물 중 하나인 을밀대 지붕에 올라가 시위하는 방법이었어. 나는 을밀대 옥상에 올라 평원고무공장 파업의 정당성을 알리고, 자본가들과 일제의 야만적인 폭력을 고발하기 위해 이렇게 외쳤어.

"우리 49명의 임금 삭감이 중요한 것이 아닙니다. 평양 전체 2,300명의 고무공장 노동자들의 임금이 깎일 것이기 때문에, 저는 죽음을 각오하고 이곳에 올라왔습니다. 공장 주인이 임금 삭감을 철회할 때까지 절대로 내려가지 않겠습니다!"

나는 생각했어. 내 월급은 깎일 수 있지만 우리 공장의 월급이 깎이면 평양의 다른 고무공장 노동자들의 월급이 깎이는 일은 불 보듯 뻔한 일이라고. 그리고 임금 삭감은 단순히 돈을 조금 덜 받는 문제가 아니었어. 누군가는 그 돈으로 가족의 생계를 꾸려가야 했고, 누군가에겐 하루하루 살아가는 유일한 희망이었지. 그런 임금을 특별한 이유도 없이 깎는다는 건, 누구에게나 이해하기 힘든 일이었어. 어쩌면 이 일은 우리가 일제의 식민 지배 아래 있었기 때문에 더 쉽게 벌어진 일이었을지도 몰라. 공장주는 경찰을 불러 우리를 쫓아낼 수 있었고, 조선인 노동자의 목소리는 더 쉽게 묻혔거든.

나는 경찰에 붙잡혀 결국 을밀대 옥상에서 끌려 내려오게 됐어. 하지만 나는 감옥에서도 단식을 계속하며 싸웠어. 결국 우리의 파업은 어느 정도 성공했지만, 나는 공장으로 돌아가는 것을 거부당했어. 그리고 다시 감옥에 갇히고 병을 얻었지. 나는 비록 길지 않은 삶을 살았지만, 을밀대 옥상에 올라간 내 행동은 우리나라 최초의 고공 농성으로 역사에 남았어. 그날의 외침이 오늘의 노동자들에게도 작은 힘이 되었을까? 너희는 어떻게 생각하니?

지금까지 강주룡의 이야기를 들어봤습니다. 드라마 「미생」에 이런 대사가 나왔습니다. "우리는 사무실에서 숫자를 다룰 뿐이지만, 누군가는 그 숫자 때문에 목숨을 걸고 행동합니다." 노동자의 마음을 잘 표현한 이 말은 강주룡의 시대부터 지금까지 여전히 마음에 와닿는 이야기입니다.

강주룡은 열악한 노동 환경에서도 침묵하지 않고 부당함에 맞서 용기 있게 외쳤습니다. 평양 을밀대에서 벌인 고공 농성은 단순히 저항하는 것을 넘어 노동자의 존엄성을 지키기 위한 간절한 외침이었습니다. 오늘 우리는 강주룡을 통해 이런 질문을 생각해보면 좋겠습니다. "만약 내가 강주룡이었다면, 부당한 세상 앞에서 어떻게 내 목소리를 냈을까?"

최초의 여성 광복군 지복영

—

진정한 삶의 가치란 무엇일까?

"독립운동을 해서 우리 가족을 불운하게 만들었던 아버지와 절연하겠다던 소녀, 다시 아버지 지청천 장군을 따라 한국광복군에 입대하여 최초의 여성 광복군이 되었습니다. 그녀가 독립군이 되어 만들고 싶었던 세상은 어떤 모습이었을까요?"_김미연

여러분, 한국사 교과서에서 여성 독립운동가의 이름을 본 적이 있나요? 가장 많이 이름이 알려진 인물은 누구인가요? 이름과 사진이 모두 함께 실린 인물은 아마도 유관순 열사일 것입니다. 그런데 여기, 이름은 없지만, 새끼손톱보다 작은 얼굴로 교과서에 여성 독립군으로 등장하는 인물이 있습니다. 바로 한국광복군 총사령부 성립전례식 사진 속 지복영 여사입니다. 가운데 늠름한 자세로 앉아 있는 광복군 총사령관 지청천 장군의 따님이지요. 22 개정 교육과정에 따라 한국사 2 교과서에는 이제 여성 독립운동가가 이전보다 많이 소개되고 있지만 그녀들이 독립운동에 뛰어들게 된 이야기는 아직 상세히 듣기 어렵습니다.

마찬가지로 "대한민국 임시정부는 연합군의 일원으로 한국광복군을 참전시켰다", "조국의 독립을 위해 당연히 해야 할 일"이라는 단일한 서술로 독립운동가 개인의 삶을 온전히 이해하기는 어려워 보입니다. 왜냐하면 우리는 독립운동가들의 희생정신에 감사하면서도 똑같은 입장이 되었을 때 독립운동에 뛰어들 수 있냐는 질문을 받으면 선뜻 "네"라고 답하기 어렵기 때문입니다. 이제 평범한 할머니가 된 지복영 여사의 아련한 소녀 시절을 통해 독립운동가의 삶을 함께 들여다볼까요?

어린 시절의 나는 꿈이 참 많은 소녀였지. 성악도 좋아했고, 한때는 의사도 되고 싶었단다. 배우고 싶은 게 많았기 때문에 나는 늘, 한곳에 머무르며 학교를 온전히 다니는 것이 꿈이었어. 나의 어릴 적 기억의 대부분은 일본 순사들이 한 번씩 집에 들어와 온갖 살림을 걷어찬 기억, 그들의 폭력에 시달리는 어머니의 모습, 얼굴도 기억나지 않는 아버지의 행방을 물으며 폭력을 일삼는 무서운 장면들이지. 게다가 언제나 정처 없이 떠돌아다니는 삶이라니. 겨우겨우 농사지을 만한 땅을 만들어 놓으면 다시 도망가듯 쫓겨나야 하는 상황에서 나는 가족을 버리고 간 아버지를 원망하게 되었어. 아버지는 왜 독립운동에 뛰어든 것일까? 한 살 한 살 나이를 먹어갈수록, 내가 배우고 싶은 것을 마음껏 배우지 못하고 좌절을 겪을 때마다, 나의 마음속에서는 아버지에 대한 미움의 싹이 함께 자라났지.

요즘의 너희에게 학교는 어떤 곳이니? 어쩌면 학교에 다니지 못한 서러움을 말하는 나를 이해하지 못할 수도 있겠구나. 할 수 있는데 나의 의지로 하지 않는 것과 나의 의지와 상관없이 하지 못하는 것은 조금 다르잖아? 축구를 할 때 혼자서는 공을 찰 수 없어. 경기를 함께할 수 있는 친구들도 있어야 하고, 규칙을 알려 주는 선생님도 필요하고, 마음껏 공을 찰 수 있는 운동장도 필요하지. 당시에는 학교가 바로 그런 곳이었단다. 지금은 누구나 당연히 누릴 수 있는 경험을 누구나 자유롭게 할 수 없었던 시대가 바로 내가 태어난 일제강점기였단다. 자유롭게 숨 쉬고 말할 수 있는 모든 자유가 박탈되었던 시대였지.

언젠가 딱 한 번, 중국으로 망명했던 시절에 나의 꿈을 펼칠 수 있는 기회가 있었어. 장학금도 받았고, 상급학교로 진학한다면 내가 하고 싶은 공부를 할 수 있는 기회였지. 그런데 갑자기 편지가 오더구나. 충칭에 계신 아버지가 보낸 편지였어.

"일본의 공습이 격해지니 지금 바로 충칭으로 오라."

얼마나 기가 막히던지 나는 곧바로 답장을 보냈어. 공부시켜주지 않을 거면 가지 않겠다고 말이야. 아버지는 단호하게 공부를 시켜줄 수 없는 상황이라고 답장을 보내셨단다. 그래서 나도 이렇게 답을 보냈어. "절연하겠소."

그깟 공부 안 시켜줬다고 아버지와 절연하는 딸이라니, 그 누구도 이해하지 못할 거야. 답장을 읽은 아버지는 대장부 같다며 큰 소리로 웃었다고 해. 운명의 장난인지 내가 있던 곳은 공습으로 오래 머무를 수 없게 되었고, 나는 결국 눈물을 삼키며 충칭으로 가게 되었지.

그곳에서 나는 아버지의 재혼 상대와 배다른 동생을 만났단다. 나와 어머니가 죽은 줄로만 알았던 아버지가 주변의 권유로 재혼하셨던 거야. 갖은 구박을 받으면서 나는 살아갈 이유를 모르겠다고 생각하게 되었어. 먹지도 못하고 오랜 떠돌이 생활에 온몸이 망가진 나는 끙끙 앓아누워버렸지. 그때 아버지가 우리 형편으로는 도저히 살 수 없는 진귀한 참외를 사다 주시면서 눈물을 흘리셨어. 아버지를 용서했다기보다는 그 눈물에 가슴이 아팠지. 그렇지만 아버지의 헌신적인 독립운동에 함께할 마음이 일어났던 건 아니야. 나보다 어린 소녀가 독립운동가 아버지를 찾아서 만주에서 왔다는 소식을 들었을 때도 고개만 끄덕였을 뿐이지.

어느 날, 내 앞에서 한 여인이 아무런 이유 없이 무차별적인 일제의 공습으로 포탄에 맞아 피 흘리며 죽어갔어. 그 여인의 피가 내 손에 묻었을 때, 나는 생각했단다. 이 여인이 왜 죽었지? 무슨 잘못을 했기에? 아니 잘못이 있다고 한들 살상하는 것이 옳은 일일까?

조금 전까지만 해도 나에게 환히 웃어주던 그 여인이 그 자리에서 포탄에 맞아 죽던 순간 나는 생각했단다.

"죄 없는 이들이 죽어가는데, 내가 성악을 배운다고 해서 음악을 들어줄 사람이 누가 있으며, 내가 수많은 지식을 갖고 있다고 한들 그 지식이 올바르게 쓰이지 못하는 세상이라면, 과연 그 지식은 유용한 것인가?"

내가 열정을 다해 배운다고 해도 그 배움이 마땅히 쓰이지 않는다면 그것은 죽은 지식이겠구나, 하는 생각이 들었어. 그래서 나는 이유도 없이 죽어가는 사람들이 더는 생기지 않기를 바라는 마음으로, 지금 내가 배우는 수많은 것들이 빛을 발할 수 있게 되기를 소망하면서, 마침내 한국광복군에 입대하게 되었어.

하고 싶은 것이 많았던 꿈 많은 소녀는 그렇게 아버지의 뒤를 따르기 시작한 셈이지. 하지만 나는 배움을 포기하지는 않았단다. 잠시 미뤄뒀을 뿐이야. 어느 날 늦은 밤, 젊은 아가씨의 밤길이 걱정되었던 어머니가 조심스럽게 이야기를 꺼냈단다.

"왜 꼭, 네가 해야 하니?"

병석에서 일어나자마자 성치 않은 몸으로 다시 광복군의 일을 하게 되었을 때도 나에게 사람들이 똑같이 물어보더구나.

"너 아니어도 되잖아. 꼭 네가 해야 하니?"

그렇지, 꼭 내가 아니어도 되었을 거다. 우리가 저항하지 않고 평범하게 살았다면 큰돈은 벌지 않아도 근근이나마 먹고살 수는 있었을 게다. 어쩌면 어려운 환경이더라도 나는 하고 싶었던 공부를 할 수 있었을지도 모른단다. 하지만 내가 아니면 안 되는 상황이었기에 나는 독립운동에 뛰어들었단다. 나 한 명의 힘이 더 보태어진다면, 하루빨리 이 의미 없는 전쟁이 끝나서 내가 잠시 미뤄둔 학업을 다시 시작할 수 있을 거라고 생각했지. 내가 배운 지식이 가치 있게 쓰일 수 있는 상식적인 세상에서 아무 이유 없이 죽어가는 사람들이 나오지 않는 세상을 만들기 위해서.

지복영 여사의 이야기를 잘 들어보았나요? 우리는 독립이 되었습니다. 여사님은 아주 오래 독립된 세상에서 살다 생을 마감하셨지요. 현실의 벽에 가로막혀서 꿈을 포기해야 하는 세상은 아닙니다. 누구나 당연하다고 생각하는 평범함이 존재하는 세상을 드디어 만난 것이지요. 하지만 눈을 돌려보면 모든 세상이 그렇진 않은 것 같습니다. 무력을 사용하는 전쟁은 지속되고 있고, 그것이 아니어도 댐을 만들어 이웃 나라의 물줄기를 마르게 하는 일, 목이 마를 때 물을 마시지 못하는 세상이 지금도 존재합니다. 지복영 여사가 꿈꾸었던 세상, 그리고 개인의 영위를 포기하고 가치 있는 삶과 세상을 위해 살아갔던 그녀의 삶, 여러분은 어떤 가치와 방향성을 삶의 지표로 삼고 있나요?

교과서 속 역사 인물, 위대한 업적 뒤에 숨겨진 진실은 무엇일까?

동과 서를 아우른 알렉산드로스

—

나 혼자 만든 제국은 아니라고

"교과서에 나온 왕들의 업적. 정말 단 한 사람의 업적일까요?
위대했던 그의 옆에는 위대한 동료들이 있었답니다.
알렉산드로스와 광활한 영토, 헬레니즘이란 문화유산을
함께 이룬 그의 주변 사람들을 통해 한 명의 인물로
대표되는 한 시기에 대해 다시 생각해봅시다."_김현아

여러분, 서양 고대 역사에서 가장 넓은 제국을 건설한 인물이 누군지 아시나요? 바로 알렉산드로스입니다. 그는 심지어 역사상 가장 짧은 시간 내에 제국을 완성한 인물이기도 한데요, 여러분은 알렉산드로스를 교과서에서 어떻게 배웠나요? 아마 마케도니아의 왕이 동방 원정에 나서 이집트, 페르시아를 점령하고 인더스강까지 진출했고, 원정의 과정에서 동서 교역로가 열려 동서양이 만나 헬레니즘 세계가 형성되었다고도 배웠을 겁니다. 이렇게 보니 알렉산드로스가 정말 대단한 사람처럼 보이지요? 하지만 그가 그 시절 대제국을 건설할 수 있었던 데에는 그 혼자만이 아닌 여러 사람의 도움이 있었답니다. 이를 알렉산드로스 본인도 잘 알고 있었을 거예요. 알렉산드로스의 이야기를 통해 직접 들어볼까요?

안녕. 나는 알렉산드로스(356 BCE~323 BCE)야. 알렉산더 대왕이라고 하면 더 친숙하지? 영어로는 그렇게 부르지만, 나는 사실 마케도니아 출신, 즉 그리스계 사람이야. 그러니까 가능하면 그냥 '알렉산드로스'라고 불러줘. 그게 내 본명이고, 내 정체성을 가장 잘 보여주니까. 나는 왕의 아들이었고, 어릴 때부터 왕이 될 준비를 하며 자랐어. 이른바 '왕의 수저'를 물고 태어났다고 할 수 있지. 그런데 그건 단순히 권력만 물려받았다는 얘기가 아니야.

내 아버지 필리포스 2세(382 BCE~336 BCE)는 굉장히 똑똑하고 전략적인 분이셨어. 마케도니아는 내가 태어나기 전까지만 해도 그리 주목받지 못하던 나라였어. 당시에는 아테네나 스파르타 같은 도시국가들이 주인공이었지. 하지만 아버지는 그런 상황에서 기회를 보셨어. **펠로폰네소스 전쟁**(431 BCE~404 BCE)으로 그리스 전체가 지쳐있을 때, 아버지는 조용히 군대를 키우고, 무기를 정비하고, 외교를 벌여 마케도니아를 강국으로 만들었지. 그 덕분에 나는 아주 강력한 기반 위에서 출발할 수 있었어. 내가 무언가를 이루었다면, 그건 이미 아버지가 '반쯤' 이루어놓으신 길 위에서 달려온 덕분이야. 심지어 내가 정복한 많은 지역 역시 아버지의 계획이었으므로 엄밀히 말해 나는 그 계획을 완성한 사람에 가깝지. 그런 의미에서 나는 늘 이렇게 생각해. "내 제국의 뿌리는, 아버지의 손바닥 위에 있었다."

내가 스무 살도 안 되어 왕이 되었을 때, 사람들은 나이에 비해 내가 매우 차분하고 깊이 있는 말을 자주 한다며 놀라워했어. 이유가 뭐냐고? 내 과외선생님 덕분이지. '아리스토텔레스', 들어봤지? 플라톤의 제자였고, 후에 아리스토텔레스 자신도 '철학의 아버지'라고 불릴 만큼 엄청난 인물이지. 아버지는 단순히 전쟁만 잘하는 왕이 아니라, 통치를 잘하는 왕, 더 나아가 인간과 세계를 이해하는 '철학자 군주'가 되기를 원하셨어. 그래서 아리스토텔레스를 직접 모셔 오시기로 한 거야. 당시 선생님의 고향인 스타게이라는 전쟁으로 폐허가 되어 있었는데, 아버지는 약속하셨지. "내 아들을 가르쳐주신다면, 당신의 고향을 다시 세워주겠소."

그렇게 나는 어린 시절을 아리스토텔레스 선생님과 함께 보냈어. 정복과 전략이 아닌, 사유와 질문의 시간을 이어갔지. 선생님과 나는 우주의 원리에 관해 토론했고, 인간의 본성, 동물의 분류, 별의 움직임, 심지어 시와 미술에 대해서도 의견을 나누었어. 선생님은 내게 논리적으로 생각하는 법, 균형을 지키는 법, 무엇이 '좋은 삶'인지 고민하는 법을 가르쳐주셨어. 선생님은 언제나 말씀하셨지. "정복은 칼로만 이뤄지는 것이 아니다. 진정한 통치는 이성과 덕으로 완성된다." 나는 전장에서 이 말을 수도 없이 떠올렸어. 분노와 감정으로 명령을 내리고 싶을 때도, 이 말 덕분에 나를 멈춰 세울 수 있었지. 나는 정복자이기 전에, 철학자의 제자였단다.

내 이름을 들으면 대부분은 이렇게 말해. "아, 그 정복자!" 그래, 나도 많은 땅을 정복했어. 그런데 그건 절대 혼자 한 일이 아니야. 내가 믿고 함께 싸운 친구들과 장군들, 그리고 수천, 수만의 병사들이 있었기에 가능한 일이었어. 가장 먼저 소개하고 싶은 사람은 내 절친, 헤파이스티온(356? BCE~324 BCE)이야. 그는 내 영혼의 단짝으로 누구보다 내 마음을 잘 아는 친구였어. 그는 단순한 친구가 아니라 전장에서는 내 오른팔이었어. 사소한 작전부터 큰 전략까지 늘 함께 고민했지. 어떤 날은 말 한마디 없이도 눈빛만으로 통했어. 그는 나의 기쁨을 함께했고, 나의 상처를 함께 짊어진 사람이야. 그리고 나의 전쟁을 이끈 수많은 장군이 있어. 이름을 다 나열하지 못할 만큼 많은 전우도 있었지. 이들은 나에게 충성을 다했고, 나는 그들의 실력을 믿었어. 우리는 서로의 목숨을 믿고 싸운 전우였고, 같은 꿈을 공유한 동료였어. 누군가 말하더라. "알렉산드로스는 항상 이겼다"고. 그건 우리가 함께였기 때문이야.

정복자라는 이름에 가려진 꿈이지만, 내가 진짜 이루고 싶었던 건 '세계의 융합'이었어. 나는 새로운 땅을 정복할 때 단순히 그 나라를 내 땅으로 만들려고 하지 않았어. 그 땅에서 살아온 사람들을 이해하고 싶었고, 그들의 문화도 배우고 싶었지. 그래서 나는 그리스인과 동방 사람들의 결혼을 장려했어. 나 자신도 페르시아 여성과 결혼했지. 그리고 원래 그 지역에서 일하던 관료들을 그대로 등용해서 통치를 맡기기도 했어. 이런 태도 덕분에 수많은 문화가 서로 섞이기 시작했어. 그리스 철학과 예술, 페르시아의 궁정 문화, 이집트의 종교, 인도의 사상이 만나 새로운 문화를 만들어냈지. 우리는 그 문화를 오늘날 헬레니즘(Hellenism) 문화라고 부르는데, 사실 그건 단순한 문화가 아니야.

아차, 헬레니즘은 내가 실제 사용한 용어는 아니야. 후대 독일의 **드로이젠**(1808~1884)이라는 훌륭한 역사가가 붙여준 개념이지. 내가 생각해도 참 내가 하고 싶었던 이야기를 잘 대변해주었다고 생각해. 그런데 드로이젠은 내가 한 융합이 '동방의 그리스화'일지도 모른다고 하더군. 뭐 그렇게 생각할 수도 있을 것 같아. 실제로 나의 마케도니아 부하들은 정복지의 사람들과 자신들을 동등하게 대우하는 데 화를 내기도 했지. 또 동방의 문화를 배우려는 시도보다 그리스의 문화를 전파하는 데에 더 힘을 쓴 것도 부인하기 어려워. 아무튼 이 문제는 여러분의 평가에 맡기고 싶어.

내 이름은 역사책에 크게 남았고, 많은 사람이 나를 '대왕'이라고 불러. 그 이름이 과분하다고 느낄 때도 있어. 솔직히 말해서, 그 제국은 나 혼자 만든 게 아니거든. 아버지가 없었다면 나는 왕이 될 수 없었을 거야. 아리스토텔레스 선생님이 없었다면 나는 단지 칼을 휘두르는 전사로 남았을 거고, 헤파이스티온이 없었다면 그 수많은 전투에서 외로웠을 거야. 장군들과 병사들이 없었다면, 아무리 뛰어난 전략이 있어도 아무 일도 이룰 수 없었겠지. 그리고 내가 정복한 땅의 수많은 사람들, 문화와 전통을 품지 않았더라면 헬레니즘이라는 위대한 융합도 없었을 거야. 그런데도 사람들은 모든 걸 "알렉산드로스가 했다"고 말하지. 다시 한번 강조하지만 나 혼자 만든 제국은 아니라고!

지금까지 알렉산드로스의 이야기를 들어보았습니다. 알렉산드로스의 이야기는 연극 무대에서 함께 준비한 공연을 보고 단지 주인공 배우 한 명만 박수받아서는 안 된다는 사실을 일깨워줍니다. 앞으로 역사책을 읽을 때 '누가 무엇을 했다'는 내용을 보게 되면 이렇게 바꾸어 이해하면 좋을 것 같아요. "그 사람이 혼자 한 게 아니라 그 사람의 시대에 그런 일이 있었구나."

알렉산드로스에게 훌륭한 아버지, 선생님, 동료들이 있었다는 점을 잊지 마시기 바랍니다.

칼끝에서 시작된 태평성대 당 태종

—

그는 위대한 성군인가, 비정한 야심가인가?

"임금은 배, 백성은 물이다. 물은 배를 띄우기도 하지만 뒤집기도 한다는 사실을 잊지 않았던 황제. 씻을 수 없는 피의 과거를 짊어진 채 가장 찬란한 태평성대를 열었던 당 태종 이세민. 비정한 야심가와 위대한 성군, 그 경계에 선 그의 진정한 얼굴을 만나봅시다."_오예림

여러분은 '당 태종'이라는 이름을 들으면 어떤 인물이 떠오르나요? '정관의 치'를 이뤄낸 성군? 아니면 권력의 피를 뒤집어쓴 냉혹한 제왕? 중국 역사에서 가장 위대한 황제로 손꼽히는 그이지만, 동시에 형제를 죽이고 아버지를 압박해 황위에 오른 인물이라는 사실도 잊을 수 없습니다. 오늘은 바로 그 당 태종 이세민이 자신의 삶을 직접 돌아보며 말하는 목소리에 귀 기울여보려 합니다. 그가 직접 털어놓는 고백 속, 자신이 바라보는 본인의 모습은 어떨까요?

반갑네, 나는 이세민. 드넓은 세상 천하를 다스렸던 자로서 당의 두 번째 황제라네. 자네들에게는 당 태종으로 더 익숙하겠지? 별명 역시 '천하를 다스렸던 자', '피로써 황좌에 오른 자'로 유명하지. 내가 살아있을 때도 어떤 이는 나를 성군이라 칭하고, 어떤 이는 형제를 죽인 냉혈한이라 부르더군. 하하, 표정을 보아하니 내 예상이 맞은 모양이지? 걱정하지 말게, 오늘의 나는 그저 담담하게 나의 삶을 떠올려보고 싶을 뿐이니까.

황위에 오르기까지의 길이 어떠하였냐고? 조심스러운 표정과 질문을 보아하니 자네는 나에게 **현무문의 변**에 관해 물어보고 싶은가 보군. 놀라지 말게, 아버지가 새 왕조를 여는 데 큰 공을 세우고, 나 역시 일평생 황제로 살아왔는데 이 정도도 생각하지 못하는 게 더 이상하지 않은가? 현무문에서의 사건…. 그래, 그 사건은 나에게 황제의 길을 열어준 피의 전환점이었지. 그때 나는 황태자가 아니었고, 이변이 없었다면 황제가 될 수 없었을 테니까. 언제부터 형제들을 제거하기 위한 구체적인 계획을 세웠는지는 기억나지 않아. 하지만 정확한 것 하나는 내가 더는 이변을 기다리지 않고 직접 만들기로 작정했다는 점이라네. 형인 황태자 이건성과 동생 이원길은 나를 두려워했네. 내가 무엇을 했기 때문에? 글쎄, 그들은 내가 가만히 있었어도 나를 두려워했을 거야. 무엇보다 형인 황태자 이원길은 미래의 지존이 될 몸이 아닌가. 자신보다 우월한 내가 존재한다는 것 자체가 그에게는 용납할 수 없는 일이었겠지. 그들은 내 존재를 없앤다는 선택지를, 나는 이변을 만들겠다는 선택지를 골랐고, 그 선택지의 끝이 나에게 형과 동생을 죽이고 황제가 된 폭군이라는 호칭을 안겨주었다네. 그날의 피는 여전히 내 손에 묻어 있고, 나의 삶을 평생 지배했지. 후회하냐고? 하하, 그것이 중요한가? 중국의 태평성대를 가져온 황제, 그저 그것으로 충분하다네.

황제가 된 이후 나는 정치에 모든 힘을 쏟았네. 후대의 황제들에게 길이길이 황제의 모범이라고 평가되는 **정관의 치**(貞觀之治)에 관해 알고 있나? 현무문의 변을 아는 이가 이걸 모를 리 없지. 자네, 이걸 조사하고 왔는데도 아직도 내가 그렇게 무서운가? 바람직한 방향으로 후대에 오랫동안 회자된 이상적인 정치이네만 자네의 두려움을 이기기엔 부족한 모양이로군.

나는 대대적인 제도 개혁에 착수했다네. 인재를 등용하기 위해 과거제를 정비했고, 지방 통치를 강화하기 위해 주현제를 안정화했지. 주현제는 행정적인 편의성도 가져다준, 여러모로 미치는 영향의 범위가 넓은 제도였다네. 민생은 어떠하였냐고? 형벌은 줄이고, 조세는 백성의 형편에 맞추어 감면하였지. 이에 대해서도 나를 보는 시선은 갈린다네. "태종 이세민은 민본의 이상을 실현한 자였다." 그러나 또 다른 이는 이렇게 말하지. "그는 민심을 얻기 위해 유화 정책을 폈을 뿐, 자신의 권력 기반을 공고히 하려는 계책의 일환이었다." 나는 두 가지 의견 다 부정하지 않는다네. 정확히 말하면 둘 다 진실이라네. 권력자에게 민심은 곧 정통성이고, 민심을 얻는 일이 옳은 일이라면 그것이 계책일지라도 기꺼이 감수해야 마땅하지 않겠는가? 물론 그렇다고 해서 나의 계책이 백성들에게 미친 선한 영향력이 사라지는 것도 아니잖은가? 자네는 이 질문에 대답할 수 있겠는가?

인복이라…. 나의 삶을 돌아볼 때 웃음이 지어지는 부분이라네. 나는 인복이 많았네. 위징과 두여회, 이순풍 같은 현명한 자들을 신하로 두는 행운을 몇 명의 군주나 누릴 수 있겠는가? 위징은 내가 잘못할 때마다 직언을 아끼지 않았다네. 그가 나를 향해 "임금은 백성의 거울이어야 합니다"라고 말했을 때, 나는 부끄러움

속에 고개를 끄덕였네. 그 직언들이 나의 성정을 다듬었고 국가의 기틀을 세우는 데 큰 역할을 했지. 나도 사람이기에 충언을 흘려들을 수 있고, 필요한 것보다 하고 싶은 것을 행하는 실수를 할 수도 있는 것 아니겠는가. 충언을 받아들이는 게 언제나 쉬운 일은 아니었다는 뜻이네.

어찌 되었든 내가 그들을 견디고, 그들이 나를 견딘 시간 속에서 정관의 치가 완성되었지. 어떤 이들은 말한다네. "신하에게 고개 숙이는 군주가 어찌 강한 제국을 이끌 수 있겠는가?" 그러나 나는 그렇게 말하는 이들에게 되묻고 싶군. "신하의 말도 듣지 못하는 군주가 어찌 제국을 지킬 수 있겠는가?"

아하, 대외 정책이 궁금하다고? 끊임없는 외부 민족과의 충돌은 중국의 시작부터 아주 오랜 과제였다네. 나는 돌궐을 정복하고, 서역과의 교역로를 안정시켰지. **고창국**과 거란, **토욕혼** 등 외부 민족과의 관계를 정리하며 중국 중심의 국제 질서를 확립하는 것이 나의 목표였네. 특히 630년 동돌궐을 멸망시키고, 그 유민을 안치하여 북방을 안정시킨 일은 내 치세의 큰 전환점이었지. 여기에도 비판할 부분이 존재하느냐고? 하하, 이제야 나에 대한 두려움이 가셨는가? "과도한 정복은 타민족을 억압했으며, 팽창주의적 제국의 폐해를 불렀다"라고 말하는 부분을 묻는 것이겠지. 물론 나도 모든 정벌이 정당한 것은 아니었다는 점을 인정하네. 그러나 당이라는 나라가 세계 속의 중심으로 설 수 있도록 하기 위해서는 때로 칼이 앞설 수밖에 없는 것 아니겠는가?

이제 자네에게 묻겠네. 나는 성군인가, 그저 운 좋은 폭군인가? 나는 이에 답하지 않을 것이네. 나는 그 누구보다 더 치열하게 살았고, 한 치의 책임도 피하지 않았네. 나는 내 손에 묻은 피를 외면하거나 부정하지 않네. 내 삶은 무수한 찬사와 비난 사이를 가로질러 걸어온 여정이었지. 나를 향한 말들이 다 옳다고는 생각하지 않지만, 그 모두가 거짓이라 말하지는 않겠네. 한 가지 평가만 받을 수는 없는 삶, 나는 그런 삶을 살았네. 그러니 후세에 전해줄 수 있겠나? 나는 후회하지 않는다는 것, 그것은 나의 삶이었다는 것, 나는 그 삶을 무사히 살아냈다는 것. 나는 당 태종, 이세민이네.

이세민, 그는 황제의 자리에 오르기까지 수많은 이의 피를 보았고, 그 자리에 앉은 뒤에도 끊임없이 자신을 다듬으며 나라를 다스렸습니다. 그는 자신의 선택을 후회하지 않았고, 오히려 그 모든 무게를 끝까지 감당했지요. 역사는 그를 성군이라고도 냉혈한이라고도 부르지만, 그 누구도 가벼운 인물이었다고 말하지 않습니다. 오늘 우리가 들은 이 고백은 단지 한 황제의 회상이 아니라 권력과 인간 사이에서 끝없이 균형을 잡고자 했던 인물의 진실한 고뇌로 보입니다. 그 고뇌는 오늘날을 사는 우리에게도 질문 하나를 남깁니다.

"당신이라면 그 자리에서 어떤 선택을 했겠는가?"

중세의 문을 연 카롤루스 대제

내 뜻은 아니었소! 그도 몰랐던 그의 대관식

"내게 일어나는 일들은 다 나의 의지인가요? 때로는 다른 사람의 의도에 의해, 어쩌면 우연히, 실은 철저히 계산된 설계로 이루어지기도 한답니다. 카롤루스가 서로마 황제의 관을 받았던 그 날의 이야기를 통해 우리 삶도 되돌아볼까요?"_김현아

KAROLO AUGUSTO

여러분, '중세' 하면 어떤 이미지가 떠오르나요? 검은 옷을 입은 수도사? 돌로 지은 성당? 혹시 왕보다 더 높은 힘을 가진 교황이 떠오르진 않나요? 중세를 흔히 '암흑기'라 부른다는 이야기도 들어보았을 테지요. 잠깐, 그런데 중세는 대체 언제부터 언제를 가리키는 걸까요?

서양 역사를 고대-중세-근대라는 3단계로 나누어 체계화한 학자는 드로이젠입니다. 그는 중세를 단순히 고대와 근대 사이에 낀 시대가 아니라, 고대의 정신과 기독교가 만나 유럽의 기틀을 다진 중요한 과정으로 보았답니다. 보통 서로마 제국이 멸망한 5세기부터 동로마 제국이 무너진 15세기까지의 약 1,000년을 중세라고 불러요. 드로이젠의 시각에서 중세는 헬레니즘이 물려준 유산이 기독교와 합쳐져 근대로 나아가는 소중한 징검다리였던 셈이죠.

이런 중세의 문을 연 인물이 있었답니다. 바로 카롤루스 대제예요. 교과서에서는 "카롤루스 대제는 교황으로부터 서로마 황제의 관을 받았다"라는 말과 함께 등장하죠. 그런데요, 카롤루스는 자신이 황제의 관을 받던 그 순간 깜짝 놀랐다고 해요. 왜 그랬을까요? 오늘은 그 이야기를 직접 들어보겠습니다.

안녕하시오. 나는 카롤루스(740/742/747~814)요. 사람들은 나를 여러 이름으로 부르더군. 프랑스 사람들은 '샤를마뉴', 독일 사람들은 '칼 대제'라고도 하지. 나를 자기네 역사 속 인물로 부르고 싶은 마음, 이해 못 하는 건 아니야. 하지만 나는 프랑크인의 왕이었고, 이후 로마 황제로서 라틴어를 쓰던 사람이야. 내가 쓴 이름은 '카롤루스 마그누스(Carolus Magnus)', 위대한 카롤루스라는 뜻이지. 바로 그 이름이 나의 시대, 나의 정체성, 그리고 내가 꿈꾼 제국의 비전을 가장 잘 담고 있어. 그러니 부디 나를 '카롤루스'라 불러주었으면 해. 그게 가장 나다운 이름이거든.

사람들은 나를 '유럽의 아버지'라 부른다오. 지금의 유럽연합(EU)에서도 나를 기리는 뜻으로 유럽 통합에 크게 이바지한 사람에게 '샤를마뉴상'을 준다고 하더군. 내 이름이 아직도 불린다는 건 참으로 영광스러운 일이지만, 그 속에는 내 생애의 가장 큰 꿈이 담겨 있다오. 나는 단순히 프랑크인의 왕이 아니었소. 라틴어를 사용하는 사람들, 게르만 부족들, 신앙이 다른 이들까지… 서로 다른 세계가 충돌하고 뒤섞인 서유럽에서 나는 하나의 질서와 믿음 아래 사람들을 모아보고자 했소. 칼과 법, 글과 기도로 하나의 세계를 세우고 싶었지. 하지만 그 길은 절대 평탄하지 않았소. 나는 정복 전쟁을 통해 수많은 부족을 무너뜨렸고, 믿음을 강요하는 과정에서 저항하는 이교도들을 잔혹하게 탄압하기도 했소. 특히 작센족과의 전쟁에서는 전투뿐 아니라 공개 처형과 강제 개종 같은 일들도 있었지. 지금 돌이켜보면, 내가 세우고자 한 '질서'가 누군가에게는 공포와 피의 기억이었을지도 모르오. 그런데도 훗날 사람들이 나의 이상을 '유럽 통합'이라 부르고, 그 뜻에 내 이름을 빌려준다면, 나는 그저 고개를 숙여 감사할 뿐이오. 다만 영광뿐 아니라 내가 저지른 고통도 함께 기억해주기를 바라오.

솔직히 말해서 나는 황제가 되고 싶지 않았소. 나는 단지 하느님께서 내게 맡기신 백성을 잘 다스리고, 믿음을 지키는 일에 최선을 다하고 있었을 뿐이오. 내가 다스린 땅은 꽤 넓었소. 지금의 프랑스, 독일, 이탈리아 북부, 그 외 여러 지역에 이르기까지 내 기병대의 발자국이 찍히지 않은 곳이 드물었소. 하지만 나는 검을 휘두르기보다는 학교를 세우고, 수도원을 후원하고, 법을 정비하는 일이 더 중요하다고 생각했소. 내 통치의 핵심은 오직 하나, 하느님의 뜻에 맞게 살자는 것이었지.

그날은 800년, 12월 25일, 크리스마스였소. 나는 로마의 성 베드로 대성당에서 미사를 드리기 위해 참석했소. 교황 레오 3세가 미사를 집전하고 있었지. 나는 단지 그 자리에 함께하며 하느님께 감사를 드리고자 했지. 그런데 그날 아침, 전혀 예상하지 못한 일이 벌어졌다오. 교황이 갑자기 내 머리에 관을 씌우며 외쳤소. “하느님께서 선택하신 로마인의 황제, 카롤루스 만세!” 나는 그 순간 온몸이 얼어붙었소. ‘황제라고? 내가? 지금 이 자리에서?’ 내가 놀랐던 이유는 단 하나요. 내 뜻이 아니었기 때문이오.

내가 직접 황제가 되겠다고 요청한 것도 아니고, 로마의 귀족들이 나를 추대한 것도 아니었지. 교황이 오직 자신의 의지로 나를 황제로 임명한 거였소. 단순한 대관식이 아니었던 거요. 그 순간부터 사람들은 이렇게 생각하게 되었소. ‘황제는 교황이 임명하는 것이다.’ 교회가 세속의 왕을 세울 수 있다면 교황은 곧 세속 위에 있는 존재라는 뜻이 아니겠소?

그날 이후로 내 이름 앞에는 ‘황제’라는 칭호가 붙었소. 겉보기엔 영광이었지만 속으론 무거운 고민이 시작되었소. 황제는 단순한 통치자가 아니오. 교회의 수호자이며, 신의 대리인 같은 존재지. 그런데 교황이 나를 세웠다면 내 위에 교황이 있는 것 아니겠소?

사실 교황 레오 3세에게도 계산이 있었소. 그 당시 동로마 제국, 즉 비잔티움 제국은 여제(女帝) 이레네가 다스리고 있었소. 교황은 여제가 황제가 될 수 없다고 생각했소. 그래서 로마인의 황제 자리를 새롭게 만들고 그 자리에 나를 앉힌 것이오. 즉 동로마와는 다른 새로운 황제를 세움으로써 교황이 정치의 중심에 서고자 한 셈이오. 그러니 단순한 대관식이 아니라 중세를 연 사건이 된 터였지. 이후로 수백 년 동안 황제와 교황은 서로 누가 위인지 다투었소. 어떤 교황은 황제에게 교체당하기도 했고(**수트리 공의회**), 어떤 황제는 교황에게 무릎을 꿇기도 했소(**카노사의 굴욕**). 그 시작이 바로 내 관 위에 얹힌 교황의 손이었소.

그때 나는 어찌할 수 없었소. 내가 꿈꾼 것은 통일된 크리스트교 세계였소. 백성들이 글을 배우고, 믿음을 지키며, 평화롭게 살아가는 세상이었소. 나는 그걸 이루기 위해 싸웠고, 개혁했고, 노력했소. 그러나 나는 끝까지 고민했소. "황제의 권위는 어디서 오는가? 교황인가, 하느님인가?"

황제의 관을 받던 그 날 나는 잠시 기뻤을지 모르나, 그다음 날부터 무거운 짐이 어깨에 지워졌음을 느꼈소. 내 한마디 한마디가 교황청과 부딪칠 수 있다는 두려움이었고 동시에 중세라는 새로운 시대의 책임이 나에게 있다는 자각이었소. 그래서 나는 로마 황제의 관을 썼어도 로마 황제처럼 살지 않았소. 프랑크인의 옷을 입고 공식적으로는 라틴어를 썼지만 평상시에는 프랑크인의 말을 쓰며 내 정체성을 잊지 않았소. 나 자신을 '하늘이 부여한 질서를 지키는 자'로 여겼지 교황의 꼭두각시로 살고 싶지는 않았소. 내 곁에서 나를 가장 가까이서 지켜본 사람, 아인하르트는 훗날 이렇게 썼소. "카롤루스는 만약 교황이 그날 그 자리에서 왕관을 씌우려는 걸 알았다면 결코 성당에 들어가지 않았을 것이다." 그 말이 나의 진심이라오. 내가 황제가 된 것은 신이 선택한 운명이지 교황 한 사람의 손에 좌우된 것이 아니었다고 생각하오.

지금까지 카롤루스의 이야기를 들어보았습니다. 후대 역사학자들 중 몇몇은 카롤루스의 대관식이 황제가 되고 싶은 그와 동로마의 간섭에서 벗어나려는 레오 3세가 사전에 모의한 정치적 퍼포먼스라고 해석하기도 합니다. 어느 쪽이든 우리에게 어떤 일이 일어날 때 그것이 내 의지인지, 누군가의 계산이었는지 돌아보아야 합니다. 교황에게서 황제의 관을 받은 카롤루스처럼 말이죠.

중국 명나라의 1대 황제 홍무제

—

폭군인가, 명군인가?

"평범한 농민 출신에서 황제가 된 홍무제의 사례는, 준비가 되어 있다면 누구에게나 기회가 열릴 수 있다는 사실을 깨닫게 해줍니다. 그리고 과거의 인물이 그 기회와 권력을 어떻게 사용했는지 알게 된다면, 여러분이 훗날 기회를 잡았을 때, 어떤 선택을 해야 할지 참고가 되지 않을까요?"_문지현

유목 민족의 왕조였던 몽골제국의 원나라를 타도하고, 다시 한족들의 왕조인 명나라를 건국한 주인공, 바로 홍무제입니다. 홍무제는 명나라의 제1대 황제로 교과서에 등장하는 인물이지요. 홍무제는 원나라의 몽골풍 문화를 폐지하고, 한족의 전통을 회복하기 위해 백성들에게 **여섯 가지 유교 윤리**(六諭)를 전파하면서 유교 교육을 강조하였습니다. 그리고 유교 공부를 열심히 할 수 있도록 원나라 때 폐지되었던 과거제도를 부활시키고 학교도 새롭게 정비한 인물이지요.

그러나 기존에 권력이 분산되어 있던 재상제도를 폐지하고 황제 독재권을 강화한 인물이자, **문자의 옥**(文字-獄)으로 알려진 여러 사건을 통해 혹독한 감시와 탄압을 했던 독재자로도 알려져 있습니다. 홍무제는 과연 무서운 독재자였을까요, 아니면 한족들의 나라로 안정화시키기 위해 노력했던 인물이었을까요? 지금부터 홍무제의 이야기를 직접 들어보면서 홍무제에 대해 다시 한번 생각해봅시다.

나는 명나라를 건국한 제1대 황제, 태조 홍무제라 하네. 본명은 주원장, 가난한 농민 출신이지. 황제가 된 사람인데 가난했다는 게 믿기지 않는다고? 놀랍게도 사실이라네. 얼마나 가난했던지, 당장 먹을 것이 없어서 절에 들어가 남에게 음식을 빌어먹는 탁발승 생활도 했다네. 하지만 나처럼 가난한 사람이 한둘만 있었던 건 아니야. 원나라 말기에 황실은 온갖 사치에 국가 재정을 낭비하고 있었고, 자연재해도 여러 차례 일어나 가난한 백성들이 늘어났거든.

그렇게 떠돌아다니던 나와 같은 처지의 사람들은 원나라의 무능한 통치를 견디지 못하고 농민반란이었던 홍건적의 난에 참여하게 되었다네. 그 농민반란이 성공하게 되면서 원나라가 무너지게 된 거야. 그 덕에 홍건적의 난을 지휘하던 내가 결국 명나라를 건국하고 황제의 자리에 오를 수 있었지.

하지만 가난한 일개 농민 출신이었던 나를 사람들이 황제로 인정해 줄 수 있을지 늘 불안했다네. 그저 나만의 착각인지는 모르겠지만, 사람들이 내가 한때 탁발승으로 음식을 빌어먹고 다녔던 가난한 과거를 비웃는 것만 같았어. 그래서 대머리라는 한자를 쓰거나 머리를 깎는다는 의미의 글자를 쓰는 사람들은 나를 놀리는 것으로 간주하고 과감하게 처벌을 내렸다네. 그러고는 결심했다네. 그 누구도 나를 무시하지 못하도록 황제권을 강화하는 정책을 시행하기로 말이야. 예를 들면 국가의 여러 행정 업무를 담당하던 중서성을 폐지하고 6부를 황제 직속으로 편성했다네. 기존에는 중서성에서 여러 재상이 6부로부터 행정 업무를 보고받고 일을 처리했겠지. 하지만 중서성을 없애면 중서성의 재상들은 할 일이 없어지고 대신 6부에서 처리하던 여러 행정 업무는 황제에게 직접 보고되겠지. 그렇게 나는 국가의 모든 일을 내가 직접 처리하도록 시스템을 바꿔서 권력을 강화하려고 했네.

하지만, 내가 황제로서 황제권의 강화에만 목숨을 걸었다고 생각한다면 조금 억울하네. 나는 가난한 농민 출신이었던 만큼 향촌 사회의 안정이 필요하다는 것을 누구보다 잘 이해하고 있었던 사람이지. 그래서 농민들이 농사를 잘 지을 수 있도록 전국에 토지가 얼마나 있는지, 그리고 인구는 얼마나 있는지를 조사하기 시작했어. 그렇게 해서 만들어진 것이 바로 『어린도책』과 『부역황책』이라네. 『어린도책』은 전국의 토지를 마치 물고기 비늘 모양으로 그림을 그려 나타냈다고 해서 붙여진 이름이지. 『부역황책』은 각 집에 노동 인구가 몇인지를 자세하게 담고 있다네. 이렇게 전국의 토지와 노동 인구를 조사하니 농업 생산력도 늘어났고 세금도 더 잘 걷을 수 있게 되었지 뭔가!

나는 또한 이를 바탕으로 향촌 사회를 잘 통제할 수 있는 '이갑제'라는 제도를 실시했네. 이갑제는 110호를 1리로 하고, 그중 10호는 이장호, 나머지 100호는 갑수호로 편성해서 향촌 사회가 원활하게 유지될 수 있도록 한 제도라네. 즉 향촌 스스로 자신들을 관리하게 한 제도였지. 이장호가 돌아가며 세금도 징수하고 치안 유지도 담당하게 하면, 향촌 사회의 농민들도 조금이나마 안정된 생활을 이어갈 수 있지 않겠나.

지금까지 홍무제의 이야기를 직접 들어봤습니다. 가난한 농민 출신에서 황제의 자리까지 오르며 강력한 황제권을 장악한, 역사상 몇 되지 않는 인물이었네요. 여러분은 홍무제에 대해 어떻게 생각하시나요? 물론 국가의 모든 권력을 황제에게 독점시키고 독재 정치를 실시하였다고 평가할 수도 있지만, 한편으로는 자신의 출신 성분의 한계를 깨고 인생의 기회를 잡은 홍무제가 멋있다는 생각도 듭니다. 우리도 홍무제처럼 항상 포기하지 않는 준비된 인재가 되어볼까요?

프랑스의 가장 찬란한 별 루이 14세

—

그 눈부신 빛은 누구를 위한 것이었을까?

"화려함과 번영의 상징으로 여겨지는 베르사유 궁전, 사실은 치밀한 정치적 계산의 결과였다면 어떨까요? 스스로를 태양이라 칭하며 모든 것을 통제하려 했던 루이 14세. 그가 설계한 질서가 당시 프랑스에 어떤 영광과 상흔을 동시에 남겼는지 그의 독백을 통해 확인해 봅시다."_오예림

태양은 모든 별을 비추지만, 그 곁에 다가가기엔 너무 눈부십니다. 루이 14세, 우리가 '태양왕'이라고 부르는 이 인물은 단순히 프랑스의 국왕이 아니었습니다. 그는 스스로를 국가라고 선언했고, 권위와 예술, 위계와 통제를 찬란한 빛으로 감싸 안은 절대적인 통치의 상징이었습니다. 하지만 밝은 빛 뒤에는 언제나 짙은 그림자가 따르기 마련이지요. 궁정의 화려함 속에서 귀족은 무력화되었고, 찬란한 베르사유 궁전의 뒤편에는 민중의 고단한 현실이 계속되었습니다. 오늘 우리는 절대왕정의 정점에 섰던 인물, 루이 14세의 내면으로 들어가볼 거예요. 과연 그는 영광에 도취한 전제군주였을까요, 혼돈의 시대에 새로운 질서를 설계하려 했던 고독한 개혁가였을까요?

나는 루이(1638~1715), 프랑스의 왕이며, "짐이 곧 국가다"라는 말의 주인공이네. 그 말이 지나치다고 생각한 이들도 있었겠지만 나는 그 별칭을 스스로 받아들였지. 태양이 모든 행성의 중심이듯, 나는 국가의 중심이어야 했다네. 국가를 하나로 통합하고, 분열과 혼란 속에서 강고한 질서를 세우기 위해선 흔들림 없는 권위가 필요하지 않겠나? 내가 "짐이 곧 국가(L'État, c'est moi.)"라고 말했던 이유도 바로 여기에 있지. 그것은 자만이 아니라 시대가 요구한 필수적인 리더십이었다네.

나의 치세에서 가장 상징적인 공간을 꼽으라면, 단연코 베르사유일 것이네. 수많은 노동자와 장인을 동원해 늪지를 메우고, 성을 짓고, 정원을 일구었지. 자네, 베르사유 궁전에 가본 적이 있는가? 눈부신 정원과 끝없이 펼쳐진 회랑, 거울의 방과 오페라 극장, 모든 것이 그저 찬란한 빛으로 장식되었다네. 많은 사람이 이 궁전을 두고 사치라 했고, 국고를 낭비한 허영이라 비난했지. 물론 나는 그 말이 어느 마음에서 비롯되었는지 아주 잘 알고 있다네. 나는 어린 시절부터 왕이었고, 넓고 화려한, 아수 아름답고 고귀한 궁전이 어떠한 금전적인 부담을 초래할지 모를 수 없는 운명으로 살아오지 않았나. 현실을 외면한 채 황금의 장식과 대리석 기둥을 세우는 일은 결코 가벼운 선택이 아니었다네.

그러나 베르사유는 단순한 거처가 아니었네. 그것은 권력을 시각화한 공간이었고, 내가 구상한 정치의 장이었지. 베르사유 궁전의 진정한 목적은 귀족들을 내 손 안에 두는 데 있었다네. 사실상 나의 치세에 이르러 전성기를 구가한 절대왕정 이전, 귀족들은 각자의 지방에서 군대를 거느리고 세금을 거두며, 마치 작은 왕처럼 군림했지. **봉토**를 받는 대신 진정한 충성과 군사적 도움을 바치는 봉건시대 초창기의 정신은 이미 변질된 지 너무나 오래…. 땅을 받은 그들은 정당한 대가를 바치기 위해 노력하는 대신 그

것을 사유화하며, 정신적인 근간부터 오롯이 자신들만의 것으로 만들기 위해 노력했다네. 왕권은 종종 그들 앞에 무력했고, 프랑스는 하나의 나라가 아니라 여러 개의 봉건령처럼 나뉘어 있었지.

나는 그들을 베르사유로 불러들였네. 사냥과 무도회, 연극과 음악회, 끊임없는 연회 속에서 그들은 서로의 시선을 의식했고, 내 관심을 끌기 위해 애를 썼지. 사치와 유희? 그것은 궁정 연회의 일부이자 아름다운 포장지일 뿐이었네. 궁정의 일상은 단순한 유흥이 아니라 복잡하게 설계된 통제 시스템이었지. 하루의 시작과 끝, 복장의 색과 적절성 여부, 인사의 형식과 절차적 예법, 말투와 걸음걸이까지 모두 베르사유, 즉 내 손 안에서 통제의 대상이 되었다네. 귀족들은 연회장에 입장하기 전 자신의 머릿속을 엄격하고 복잡한, 하지만 나를 정치적으로 견제하기 위해서는 하등의 쓸모가 없는 예법으로 가득 채웠지. 연회장에 입장하기 전 그들은 자기 아내에게 복장에 어긋남이 없는지를 묻고, 국왕에게 어떤 방식과 순서로 인사를 올려야 하는지를 재차 점검했을 거야. 그리고 그렇게 낭비되는 시간으로 인해 그들은 좀 더 실질적인 것, 이를테면 나를 견제하기 위한 정책적 비판과 근거 등에 집중하지 못하게 되었겠지. 모든 것은 나의 손바닥 위에 있었다네. 그들은 어느 순간 무력적 칼과 말 속의 창이 아닌, 화려한 예절과 부드러운 아첨으로 정치에 참여하게 되었지.

다시 말하지만, 궁정 문화는 외견상으로는 화려했지만, 본질은 철저한 위계와 조율이었네. 나는 군대를 개혁하고 세제를 정비했으며, 각 지방에 왕의 대리인을 파견해 중앙집권체제를 강화했다네. 그리고 그 모든 개혁의 기반이 된 것이 바로 베르사유였지. 때때로 권력은 보이지 않는 곳에서 움직일 때 위협적이지만, 나는 과감히 반대의 경우를 선택했다네. 내가 베르사유에서 보여준 권력은 찬란한 빛으로 드러남으로써 경탄과 두려움을 동시에 불러일으켰네. 나의 지지자이든, 비판자이든, 누가 그 자체를 부정할 수 있겠는가?

내가 예술과 문화의 너그러운 후원자이기도 했다는 사실이 후대에도 잘 알려져 있는가? 그래, 그렇다니 다행이군. **라신**과 **몰리에르**, **륄리**는 나의 궁정에서 창작을 꽃피웠네. 문학과 음악, 건축과 미술이 모두 국가의 품격을 드높이는 수단이 되었지. 나의 후원 아래 프랑스 고전주의는 정점에 이르렀고, 당시 유럽 문화의 중심은 프랑스라고 해도 과언이 아니게 되었네. 어떤 이는 나의 문화 후원 정책을 찬양하고, 어떤 이는 예술이 미화된 정치 선언으로 이용당했다고 비판하기도 하지. 하지만 나는 지금까지도, 예술이 단순한 장식이 아닌 통치와 외교의 또 다른 언어였다고 믿네.

하하, 물론 이 모든 것에 밝은 면만 있었던 것은 아니지. 전쟁은 잦았고, 국고는 고갈되었으며, 민중은 세금에 시달렸으니까. **낭트 칙령**을 폐지하면서 **위그노**들은 대거 망명했고, 이들은 프랑스의 기술과 노동력을 함께 지니고 떠났네. 아, 어떻게 그저 마음이 편할 수 있었을까. 민중의 고통을 외면한 것은 결코 아니나, 나는 국가의 안정을 위해 때로는 무거운 결단을 내려야 했네. 최선과 최악이 있었다면 좋았겠지만 그것은 이상일 뿐, 나의 앞에는 최악과 차악의 결단이 자주 놓였다네. 그리고 선택에는 언제나 대가가 따르지.

나는 완전무결한 존재가 아니네. 그러나 혼돈의 시대에 나라를 하나로 묶고, 왕권을 강화하고, 문화를 일으킨 것은 부정할 수 없는 사실이라고 생각하지 않는가? 후세의 눈으로 나를 재단하려는 이들에게 나는 말하고 싶다네. 나는 그 시대를 직접 살았고, 그 시대가 요구한 방식으로 통치했다는 것을.

나는 태양왕, 찬란하고 눈부신 빛 아래 선 왕이었네. 나의 시대는 나의 선택으로 이루어졌고, 그 선택의 빛과 그림자까지도 나의 것이지. 그 모든 것을 나는 담담히 받아들이네. 평가와 비판, 찬사와 원망, 그 모든 목소리 위에 나는 단 하나의 이름으로 남을 뿐이네.

루이, 프랑스의 왕으로.

루이 14세의 시대는 기품과 공포, 환희와 고통이 교차한 한 편의 오페라였습니다. 그는 절대권력을 스스로 상징화한 인물이기도 하지만, 동시에 그 권력을 하나의 시스템으로 정제해낸 설계자이기도 하지요. 그는 베르사유를 세우고, 예술을 후원하고, 문화를 정치로 만들었습니다. 그러나 그 선택들 뒤에는 전쟁과 유혈, 탈세자와 망명자 등, 한 국가가 치러야 했던 무거운 대가도 함께 놓여 있었습니다.

오늘 우리가 루이 14세를 다시 바라본 이유는, 찬란함 속에 숨은 질서와 통제, 이상과 현실 사이의 외줄타기를 이해해보기 위함입니다. 오늘의 마지막 질문에 대한 여러분의 대답은 무엇인가요?

"당신이라면, 그 빛을 어떻게 다루었을 것인가?"

독일 제국의 설계자 비스마르크

—

그는 시대를 이끈 영웅인가, 권위적인 통치자인가?

"철과 피를 외치며 전쟁을 일으켰지만, 세계 최초로 사회 보장 제도를 만든 사람. 프랑스를 고립시키기 위해 치밀한 외교전을 펼쳤지만, 그 목적은 '평화'였던 사람. 이상보다는 현실, 과정보다는 결과를 중시했던 그의 차가운 선택들이 역사에 어떤 흔적을 남겼는지 확인해 볼까요?"_오예림

19세기 유럽, 혼돈과 민족주의의 물결 속에서 하나의 국가가 조심스럽게, 그러나 단단하게 태동합니다. 그 이름은 독일 제국, 그리고 독일 통일의 중심에는 한 남자가 있었죠. 이름하여 오토 폰 비스마르크(1815~1898). '철혈 재상', '현실주의의 화신', '강력한 독일의 설계자'…. 여러분도 한 번쯤은 들어보았을 이름일 거예요. 하지만 이 인물에 대한 평가는 놀랄 만큼 극과 극을 오갑니다. 어떤 이는 그를 유럽 질서의 균형추라 부르고, 또 어떤 이는 억압과 권위의 상징으로 기억하지요. 과연 그는 누구였을까요? 지금부터 비스마르크가 직접 자신의 통치와 선택에 대해 들려주는 이야기에 귀 기울여봅시다. 피와 전략, 이상과 현실 사이에서 그가 내린 결정들은, 단순한 정치가 아닌 하나의 시대를 관통하는 고백이기도 하니까요.

사람들은 나를 두고 상반된 이야기를 하곤 하지. 자네도 한 번쯤은 들어보지 않았는가? 어떤 이는 내가 위대한 정치가였다고 말하고, 또 다른 이는 권위주의의 화신이었다고 단정 짓곤 한다네. 내 생각은 어떠하냐고? 글쎄, 나는 그 모든 평가를 담담히 받아들일 뿐. 모든 인간은 복합적이기 마련이고 그에 대한 평가에 정답은 없지 않겠나. 역사의 무게는 늘 그런 식으로 두 갈래의 얼굴을 지닌다네. 나도 나의 선택들이 늘 옳았다고 생각하지는 않아. 다만, 내 앞에 놓인 독일 통일이라는 과제의 체스판에서 매번 최선을 다해 수를 놓았을 뿐이라네.

나는 독일 통일의 주역이라고 불린다네. 자네들이 나를 어떤 방향으로 평가하든 그 사실 자체는 변하지 않을 테지. 독일의 통일을 이루기 위해 나는 전쟁을 선택했고, 덴마크, 오스트리아, 그리고 마침내 프랑스와의 전쟁에서 승리한 1871년, 베르사유 궁전에서 독일 제국의 선포가 이루어졌을 때, 나는 조용히 생각했다네. '가장 평화로운 길은 아니었을지라도, 가장 현실적인 길이었다.' 나와 함께 따라다니는 단어들을 알지 않나? 현실주의자, **철혈정책**. 냉철한 지도자와 그만큼이나 냉정한 정책. 나는 결코 이상주의자가 아니라네. 민족주의가 격랑하는 세계의 흐름 속에서 독일이라는 하나의 공동체를 형성하려면 강력한 힘과 분명한 방향은 필수적이었지. 나는 그것을 설정하고 실행하는 역할을 맡았고, 그 책임을 다해 과제를 완수한 것이라는 점을 이제 조금은 이해할 수 있겠나?

자유주의와 사회주의, 그래. 그 당시 독일은 이념적으로 겹겹이 충돌하던 시기였지. 오스트리아와의 전쟁을 보게. 게르만족이라는 같은 뿌리를 둔 대상과도 싸우는 상황에서, 언론의 자유와 민권의 신장을 부르짖는 자유주의자들, 노동자의 권리 신장을 요구하는 사회주의자들, 끊임없는 불만과 요청들…. 어느 쪽을 골라 모든 충돌이 명쾌하게 해결된다면 얼마나 좋았겠나. 국내외를 넘나드는 온갖 이념들의 중첩적 갈등은 그것을 불가하게 만들었지. 어느 쪽을 골라도 완벽한 해답이 될 수 없는 기분을 아는가? 나는 결단을 내려야만 했지. 자유주의는 말일세, 이론상 옳을 수는 있었겠지만, 상황상으로는 옳을 수 없었네. 우리의 최우선 과제는 독일 통일이었으니 말일세. 나는 자유주의자들과 충돌했고, 언론을 제약했으며, 사회주의자들을 탄압했지. 민중의 목소리가 결코 합치될 수 없는 서로 다른 방향으로 흘러갈 때, 국가는 균형추 구실을 해야 한다네. 그것이 내가 나선 이유였고, 때로는 강제력이라는 도구를 사용할 수밖에 없던 이유이기도 하네.

역사란 교훈을 주는 존귀한 스승이라는 것을 잊지 말게. 나는 나의 정책과 충돌하는 이념들을 통제했으나, 그 이념이 지향하는 내용들은 잊지 않았다네. 오로지 탄압만을 한다면 제2, 3의 저항 세력들이 끊임없이 생기지 않겠나. 나의 눈을 피해 간 사회주의자들이 민중의 마음을 사로잡기 전에, 제국이 먼저 민중을 안아야만 했지. 의료보험, 산재보험, 노령연금. 자네가 살고 있는 시대에서는 많은 나라가 당연하게 여기는 이 제도들을 나는 정치적 목적에서 시작했네. 진정성의 문제를 제기할 수도 있겠지만, 제도의 실효성은 결과로 말해주었다고 주장하고 싶군. 하하, 아직도 나의 정책을 '기만적 포퓰리즘'이라 비판하는 자들이 있는가? 나는 그렇게 생각하지 않는다네. 정치는 이상과 현실 사이의 간극을 메우는 다리라네. 다리의 재료가 반드시 순금일 필요는 없지. 무너지지 않는 것이 더 중요하다네.

나는 전쟁으로 독일을 통일했지만, 통일 이후에는 누구보다도 평화를 갈망한 사람일세. 나는 유럽 전체의 질서를 유지하기 위해 계속해서 외교의 실타래를 엮었고, 가능한 한 전쟁이 일어나지 않도록 조율했지. 흠, 프랑스에 대해서 어떻게 생각하냐는 질문은 꽤 짓궂구먼. **프랑스에 대한 고립 정책**에, 우리의 통일을 방해했던 과거에 대한 보복적 성격이 아예 없다고 말하지는 않겠네. 나는 독일의 통일과 독일 제국의 영광이 삶의 목표였던 사람이고, 프랑스의 방해는 내 목표의 정반대 지점에 있는 행동이었으니까. 하지만 오로지 복수에 사로잡혀 한 선택은 아니네. 그때 느꼈던 프랑스의 적대심과 악의 속에서 '독일 제국의 영광이라는 지속적 목표를 지키는 것이 가능할까'라는 복잡한 외교적 수식에 대한 부정적 답을 냈을 뿐…. 그 이후로 독일은 나의 주도로 오스트리아와 러시아, 이탈리아와 삼각 동맹을 맺으며 균형을 유지하려 애썼지. 하지만 나의 퇴진 이후 모든 것이 바뀌었네. 내가 애써 그려놓은 외교의 설계도는 새로운 지배자에게 끝내 이해되지 않았고, 이내 무너졌지. 누군가는 내가 만든 시스템이 결국 제1차 세계대전의 씨앗을 뿌렸다고도 말하지만, 나는 그에게 되묻고 싶구먼. 폭풍을 피하기 위해 온몸으로 지붕을 붙잡았던 사람에게, 그 지붕이 훗날 무너졌다고 해서 죄를 물을 수 있겠는가?

나의 시대는 폭풍과 같았네. 나는 그 속에서 방향을 잡으려 애

쓰며 때로는 단호하고, 때로는 냉정했던 키잡이였을 뿐이네. 폭풍 속에서 나는 내가 살았던 시대의 요구를 듣기 위해 귀를 기울였고, 그 모든 갈림길의 순간에서 후회하지 않는 선택을 했다고 자부하네. 나의 선택에 대해 자네가 살아가는 시대의 평가가 엇갈린다 해도 나는 흔들리지 않아. 역사는 언제나 이후 세대의 시선으로 재단되지만, 그 책임은 그 시대를 직접 살아낸 세대가 짊어지기 때문이네. 나, 그리고 나와 함께 살아간 사람들과 같은 공기를 마시지 않은 어느 누가, 어떻게 감히 나의 선택을 오롯이 평가할 수 있단 말인가?

비스마르크는 전쟁으로 통일을 이루었지만, 평화의 유지를 위해 더 오래 싸워야 했던 인물입니다. 그는 냉정하고, 계산적이었으며, 때로는 비정한 선택도 마다하지 않았습니다. 그리고 그 모든 결정은 단 하나, 독일의 운명을 지키기 위함이었지요. 오늘날 우리는 여전히 그를 두고 논쟁합니다. 이상을 희생한 현실주의자인가, 혹은 미래를 꿰뚫은 전략가인가. 하지만 분명한 것은, 그는 시대가 만든 사람이었고, 동시에 시대를 만든 사람이었다는 점입니다. 비스마르크의 회고를 함께한 여러분은 이 질문에 어떻게 대답할 것인가요?

"이념과 이상이 충돌하는 순간, 당신은 어떤 선택을 하겠는가?"

소련을 무너뜨린 고르바초프

—

나를 개혁가로 기억해주겠습니까?

"열심히 했는데 결과가 기대에 못 미친 적 있나요? 의도는 좋았는데 예상치도 못하게 남에게 피해를 준 적은요? 언제나 궁금해요. 과정이 중요한지, 결과가 중요한지. 동기가 중요한지, 행동이 중요한지. 고르바초프를 통해 철학적 질문들에 답해봅시다."_김현아

여러분은 '소련' 하면 어떤 이미지가 떠오르시나요? 붉은 깃발? 스탈린과 냉전? 아니면 소련이 해체되던 장면일까요? 그 혼란의 중심엔 한 사람이 있었습니다. 누군가는 그를 "체제를 무너뜨린 자"라고 부르고, 또 누군가는 "냉전을 끝낸 영웅"이라 말하죠. 러시아 사람 중 그를 좋아하는 사람은 거의 없다고 합니다. 하지만 그는 노벨 평화상을 받은 인물이기도 하죠. 바로 미하일 고르바초프입니다. 하지만, 그 스스로는 자신을 어떻게 기억해주길 바라고 있을까요? 오늘은 고르바초프 본인의 목소리로 그의 이야기를 들어보겠습니다.

안녕하십니까. 나는 미하일 세르게예비치 고르바초프(1931~2022)입니다. 내 이름이 세계사 교과서에 실릴 줄은 몰랐네요. 더군다나 '소련의 초대 대통령이자 마지막 지도자'라는 타이틀로. 사람들은 내가 체제를 뒤엎었다고 합디다. 어떤 이는 나를 영웅이라 부르고, 또 어떤 이는 배신자라 부르더군요. 하지만, 들어주십시오. 나는 소련을 무너뜨리려 했던 것이 아닙니다. 오히려 소련의 사회주의를 지키고자 했을 뿐입니다.

내가 서기장이 된 것은 1985년입니다. 그때 나는 54살, 역대 소련 정치 지도자 중 최연소였지요. 당시 소련은 겉보기엔 15개의 사회주의 국가를 이끌며 미국의 자유세계에 맞서는 강대국이었지만, 속은 곪아가고 있었어요. 공산당은 민심과 멀어졌고, 경제는 정체되고 있었지요. 술과 부정부패, 숨 막히는 검열…. 내가 사랑하는 나라가 병들고 있었습니다. 어쩌다 이렇게 되었을까요. 사회주의는 여러분이 아는 것처럼 그렇게 나쁜 제도는 아닙니다. 우리 소련의 사회주의 체제하에서 사람들은 기본 생계가 보장되어 있었습니다. 국가가 무상으로 교육해주고, 졸업 후 일자리도 제공해주었죠. 설탕, 소금, 밀가루 등의 기본 식료품도 배급해주었고, 필요한 것을 아주 저렴한 가격에 구매할 수 있도록 국영상점도 운영했지요. 사회주의의 방향은 간단합니다. 다 함께 살자는 거지요.

그런데 1970년대에 들어서며 우리 체제의 치명적인 약점이 드러나기 시작합니다. 역시 문제는 경제였죠. 사회주의 체제에서는 정부와 공산당이 기업을 소유하고 가격과 생산량을 결정합니다. 경제의 기본은 수요와 공급인 거 다들 아시죠? 소비자의 수요를 즉각적으로 반영해야 하는 그런 종류의 사업까지 정부가 일괄적으로 통제하다 보니 경기 침체에 빠져버린 겁니다. 게다가 모두에게 똑같이 평등한 보상 체계는 사람들을 나태하게 만들었어요. 그 누구도 열심히 일하려고 하지 않았죠. 그 결과 식량은 동이 났고, 우리 동지들은 빈곤과 굶주림에 하루하루를 버텨야 하는 지경까지 이르렀습니다. 내가 서기장이 된 것은 바로 그때였죠. 나는 자본주의의 장점을 일부 도입해 낡은 사회주의를 보완하고자 했어요.

그래서 시작한 것이 **페레스트로이카**(개혁)입니다. 페레스트로이카는 '다시 구조를 짜자'는 뜻입니다. 정부가 경제 전반을 통제하는 시스템을 완화하여 시장에 숨통을 트여주려 한 것입니다. 나는 국영 기업에 자율성을 주고, 농민에게 토지 임대권도 주었습니다. 냉전의 기운이 걷히기 시작할 무렵 미국의 대표 프렌차이즈인 맥도날드 1호점이 모스크바에 문을 열기도 했어요. 오픈 첫날에만 약 3만 명의 사람들이 자본주의의 맛을 보기 위해 줄을 설 정도로 북새통을 이루었습니다.

그리고 **글라스노스트**(개방)도 단행했지요. "우리는 사람들에게 진실을 말해야 한다. 아무리 고통스럽더라도." 검열을 줄이고, 언론에 자유를 줬지요. 사람들은 그제야 자신들의 과거를 마주했습니다. 스탈린의 숙청, 체르노빌 참사, 아프가니스탄 전쟁…. 감춰졌던 진실이 쏟아졌습니다. 그런데 그거 아십니까? 사람들은 처음엔 박수쳤지만, 이내 두려워하기 시작했습니다. 질서가 무너진다고 느낀 거지요. 자유를 열어줬더니, 억눌렸던 분노가 터져 나왔습니다. 공화국들은 독립을 요구했고, 공산당 내부에선 나를 향해 "너 때문에 소련이 흔들린다"고 비난했지요.

페레스트로이카도 내가 원하는 방향과는 전혀 다른 길로 가기 시작했습니다. 갑자기 도입된 자본주의 체제에 소련 사람들은 혼란에 빠졌습니다. 기업에 자율권을 주었더니 이제야 돈맛을 본 기업들은 심각한 부정부패를 저질렀습니다. 그 결과 경제는 오히려 더 어려워지게 되었어요.

소련을 살려보겠다는 나의 결정이 오히려 소련에 칼을 겨눈 셈이 되었습니다. 특히 기억에 남는 건 1991년 8월 쿠데타였습니다. 나를 반대하던 강경파들이 군대를 동원해 내가 휴가를 보내고 있는 틈을 타서 나를 별장에 가두고 정권을 빼앗으려 했지요. 길거리로 쏟아져 나온 시민들 덕에 쿠데타는 3일 만에 실패했지만, 그 사건은 결국 소련 해체의 도화선이 되었습니다. 몇 달 뒤, 나는 크렘린궁을 떠나야 했어요.

하지만 나는 지금도 이렇게 말합니다. "나는 역사 앞에 떳떳합니다." 나는 핵전쟁의 위험을 줄였고, 동유럽에 자유를 돌려주었습니다. 서방에서는 노벨 평화상을 주며 환호했지만, 내 조국에서는 '소련을 무너뜨린 자'라며 나를 원망하는 이들도 많았지요. 하지만 당시 소련의 사회주의는 반드시 손을 보아야 했습니다. 결과가 이렇게 되어 가슴이 아팠습니다. 내가 원한 건 파괴가 아니라 생존이었으니.

이제 세월이 흘렀군요. 지금 러시아에서는 나를 외면하는 분위기도 있습니다. 어떤 이는 "그 시절이 그립다"고 말하기도 하더군요. 하지만 나는 묻고 싶네요. "당신은 진실 없이 사는 삶이 편했습니까?", "다 함께 똑같이 가난한 삶이 좋았습니까?" 내 개혁은 완벽하지 않았지만 거짓과 빈곤의 시대를 끝내고 평화와 풍요의 시대를 열고 싶었을 뿐입니다. 나는, 그리고 여러분도 압니다.

우리가 가고자 했던 그 방식의 사회주의는 결국 실패했습니다. 우리는 소련뿐만 아니라 전 세계인들에게 역사적 교훈을 준 것입니다. 내게도 후회는 있어요. 개혁이 너무 빨랐는지, 더 단호했어야 했는지. 하지만 내 의도만은 분명했습니다. 나는 자유롭고 보다 개방적이고 인간적인 사회주의를 만들고 싶었습니다.

지금까지 고르바초프의 목소리를 들어보았습니다. 그는 무너뜨리기 위해 나선 것이 아니라, 지키기 위해 바꾸려 했다고 말합니다. 고르바초프는 당시 러시아 사람들에게 손가락질을 받았지만 지금 우리에게는 냉전을 끝낸 평화의 상징으로 기억됩니다. 의도가 중요한가요, 결과가 중요한가요? 생각과는 달리 결과가 좋지 않을 때 낙심하지 마세요. 때로는 한참 뒤에 그 답에 닿기도 합니다.

교과서 속 역사 인물, 같은 시대에 왜 다른 길을 걸었을까?

통일신라의 승려 원효와 의상

—

어떻게 불교의 대중화를 이끌었을까?

"불교의 대중화를 이끌었다고 평가받는 원효와 의상이 대화를 나눈다면 어떤 모습일까 상상해보았습니다. 함께 당나라 유학길에 오르고자 했던 두 사람의 생각과 삶이 어떻게 달라졌을지 살펴봅시다."_김정은

고대 국가에서 불교는 정신적 통합을 이루는 주요 사상이자 왕권을 강화하는 역할을 하였습니다. 특히 신라에서는 여러 왕이 불교식 왕호를 사용하고 불교의 힘을 빌려 왕의 신성함을 강조하기도 하였습니다. 이차돈의 순교를 계기로 불교를 공인한 법흥왕(法興王)은 불법을 일으킨다는 의미를 담고 있고, 진흥왕(眞興王)과 진평왕(眞平王)은 각각 진리를 일으킨다, 진리로 평화롭게 한다는 의미의 불교적 색채가 담겨 있었습니다. 또 신라의 왕들은 왕이 곧 부처라는 왕즉불 사상을 강조하며 왕권을 강화하고자 하였습니다.

그러다 통일 신라 시대가 되면 불교가 대중들에게도 널리 퍼져 나가게 되는데요. 이러한 불교의 대중화에 앞장섰던 승려가 바로 원효와 의상입니다. 원효는 617년생, 의상은 625년생으로 알려져 있고 신분 또한 달랐습니다. 신라의 신분제도였던 골품제로 따지면 의상은 진골 출신이었고 원효는 6두품 출신이었죠. 하지만 두 사람 모두 당나라 유학길에 올랐다는 공통점이 있습니다. 원효는 흔히 동굴에서 해골에 담긴 물을 마시고 큰 깨달음을 얻어 당나라 유학을 포기했다고 알려져 있죠? 반면 의상은 당나라 유학길에 올라 화엄 사상을 배우고 돌아왔습니다. 두 사람은 이렇듯 겉보기에 다른 삶을 살았지만, 한결같이 불교 대중화라는 목표를 달성하기 위해서 노력했습니다. 지금부터 두 사람의 같은 듯 다른 불교 대중화에 관한 생각을 들어볼까요?

원효(617~686): 오랜만입니다, 의상. 이렇게 다시 마주하니 함께 당나라 유학길을 떠나려고 했던 추억이 생각나는군요. 그때 저는 '모든 것은 마음먹기에 달려있다. 진리는 결코 밖에서 찾을 것이 아니라 자기 자신에게서 찾아야 한다'라는 사실을 깨닫고 유학을 포기했지만, 그대는 당나라로 유학을 떠나 **지엄**의 제자가 되었다고 들었소.

의상(625~702): 다시 만나게 되어 반갑습니다, 원효. 저는 그때 체계적인 공부와 수행으로 깨달음을 얻을 수 있다고 생각했고, 화엄 사상에 정통한 스승에게 배우고 싶다는 갈증이 있었습니다. 그래서 힘들었지만 당나라로 떠나게 되었고 화엄 사상의 대가로 불리는 지엄을 만나 깊이 공부하고 다시 신라로 돌아오게 되었습니다.

원효: 그대가 저술한 『화엄일승법계도』를 나도 보았습니다. 미로 같기도 한 도표 속에 글자를 채워 화엄 사상의 핵심을 전하다니 정말 좋은 아이디어인 것 같소.

의상: 그렇게 평가해주시니 감사합니다. 당나라에서 제가 얻은 깨달음을 한 장으로 요약하고 싶었는데, 글보다는 그림으로 표현하면 많은 사람에게 쉽게 전달할 수 있지 않을까 하여 그렇게 해 보았습니다.

원효: 그럼 그 그림 속에 표현한 화엄 사상의 진리를 알기 쉽게 설명해줄 수 있겠습니까?

의상: 네, 제 사상의 핵심은 '하나가 곧 전체이고, 전체가 곧 하나이다'라는 것입니다. 나무에서 떨어진 나뭇잎 하나도 햇빛, 바람, 비와 같은 자연 현상과 연결된 것처럼 이 세상 속 모든 존재는 상호 의존적인 관계에 있으면서 서로 조화를 이루고 있다는 것을 알리고 싶었습니다. 제가 이렇게 제 깨달음을 알리기 위해 『화엄일승법계도』를 만든 것처럼 원효 당신도 불교 사상을 알기 쉽게 전달하기 위해 노력하셨지요.

원효: 우린 비록 각자 깨달음을 얻은 방법은 달랐지만 불교를 백성들에게 알리고 귀족이나 승려뿐 아니라 모든 사람이 부처의 길을 따를 수 있음을 보여주려고 노력한 것만큼은 비슷했던 것 같습니다. 그대는 '화엄 사상'을 깊이 파고들었고, 저는 '일심 사상'을 펼쳤지요. 특히 저는 왕실과 귀족 중심의 종교로 자리잡은 불교를 민중에게 널리 전파하고 싶었습니다. 그래서 『화엄경』의

내용을 바탕으로 노래를 지어 춤과 함께 불법을 전했답니다. '나무아미타불'만 외우면 누구나 극락왕생할 수 있다며 외치니 가난한 사람은 물론 어린아이까지도 모두 부처의 이름을 알게 되었을 겁니다.

의상: 불교 사상을 노래로 만들어 전파하다니 정말 대단하십니다. 저는 화엄 사상을 전파하려면 교단을 형성하여 많은 제자를 가르쳐야겠다고 생각했습니다. 그래서 국가의 지원을 얻어 부석사를 세우고, 제자들을 엄격히 가르쳤지요. 불교를 나라의 근본 사상으로 세우려면 질서와 체계가 필요하다고 생각했으니까요. 그래서 어떤 사람들은 제가 왕권을 강화하는 데 기여하고, 이로써 중앙 집권적 통치 체제를 뒷받침했다고 평가하기도 합니다.

원효: 그대는 경전 연구를 통해 학문적인 체계를 잡아가며 진리를 찾았고, 저는 내면의 깨달음을 전파하며 진리를 찾고자 하였으니 우리는 모두 자신만의 방식으로 진리를 찾은 셈이군요. 저 역시 그대처럼 경전 연구도 열심히 했습니다. 불교계가 종파끼리 대립하고 있는 상황이 안타까워 모든 진리를 아우를 수 있는 통합적 관점을 제시하려고 했지요. 그렇게 제 주장을 펼치기 위해 쓴 책이 바로 『대승기신론소』입니다. 불교 경전인 『대승기신론』에 저만의 해설을 덧붙여 **일심 사상**과 **화쟁 사상**을 체계화시키고자 했습니다.

지금까지 통일신라 시기 불교 대중화를 위해 노력한 원효와 의상의 이야기를 직접 들어보았습니다. 전국의 오래된 사찰 중에는 원효나 의상이 창건했거나 다녀갔다는 일화를 소개한 곳이 많습니다. 그만큼 원효와 의상이 우리 불교사에서 차지하는 영향력이 큰 것이지요. 종교적 교리를 떠나 원효와 의상이 펼친 사상은 현대를 살아가는 우리에게 마음을 다스리고 수행하는 삶의 중요싱을 알려주는 듯합니다.

고려 무신정권을 이끈 최충헌과 그의 노비 만적

—

만적은 주인을 배신한 것일까?

"무신정권의 최고 권력자로서 국가 안정을 우선시한 최충헌과 '장군과 재상의 씨가 따로 있는가'라며 신분 해방을 외친 노비 만적의 대화를 상상으로 구성해보았습니다. 지배층이 구축한 질서와 하층민이 갈구한 인간다운 삶 사이의 처절한 대립을 통해 고려 사회의 역동성을 살펴보고자 합니다."_김현빈

고려 무신정권 시기는 한국사에서 복잡한 권력 구조와 사회적 갈등이 교차하던 시기였습니다. 한편에서는 무신들이 정변을 일으켜 정치적 실권을 잡았고, 다른 한편에서는 신분제도의 모순이 깊어져 하층민의 저항이 일어났습니다. 최충헌(1149~1219)은 1196년부터 1219년까지 23년간 고려의 실질적 통치자로서 최씨 무신정권의 기틀을 마련했고, 만적(?~1198)은 1198년 노비 신분으로서 신분 해방 운동을 이끌었습니다. 이 두 인물의 대화를 통해 무신정권의 단면을 살펴보겠습니다.

최충헌: 나 최충헌은 1149년 우봉에서 태어났소. 내 아버지 최원호는 상장군이라는 높은 직책에 계셨기 때문에 나는 어려서부터 음서로 관직에 오를 수 있었지. 그 뒤로 1174년 조위총의 난이 일어났을 때 이를 진압하는 데 큰 공을 세워 이름을 날렸고 이후 지위는 계속 높아져 여러 고위 관직을 역임했지. 내가 권력을 잡기 전, 고려는 무신들의 권력 다툼 때문에 극도로 혼란스러웠소. 이의방, 정중부, 경대승, 그리고 이의민에 이르기까지 무신들이 서로 권력을 잡고 빼앗는 상황이 지속되었지.

만적: 저는 그런 권력의 세계와는 거리가 먼 노비였습니다. 저희 노비들은 주인의 재산으로 취급받으며 가장 열악한 환경에서 살아야 했죠. 노동은 우리의 몫이었지만, 그 결실은 모두 주인의 것이었습니다. 1198년, 저는 더 이상 이런 부당한 현실을 참을 수 없어 동료 노비들과 함께 반란을 계획했습니다.

최충헌: 1196년, 내가 권력을 잡은 것은 고려의 안정을 위해서였소. 이의민의 횡포가 극심해지고 나라가 혼란스러울 때, 나는 결단을 내려 그를 제거하고 정권을 장악했지. 그리고 사회 분위기를 바꿔보고자 여러 건의를 올렸소. 이때부터 나는 23년간 고려를 이끌면서 나라를 안정시키고자 노력했지. 그리고 무신 정변 이후 오랫동안 정치에 참여하지 못했던 이규보와 같은 학자들을 발탁해 무신 정변으로 피폐해진 국가를 다시 부흥시키려 했고 1209년에는 **교정도감**을 설치해 내가 직접 국정 전반을 감독했지.

만적: 어르신께서 말씀하시는 안정이란 것이 과연 누구를 위한 안정입니까? 그것은 고려가 아닌 어르신을 위한 안정이 아닙니까? 저희 노비들에게는 그런 안정이 아무런 의미가 없었습니다. 저는 동료들에게 이렇게 말했습니다. "장군과 재상의 씨가 따로 있겠는가? 우리가 주인을 모두 죽이고 노비 문서를 불태워 고려에서 천민을 없애자." 저 혼자만 권력을 잡아 노비에서 해방되는 것이 아니라, 모든 노비가 함께 해방되어야 한다고 주장했습니다.

최충헌: 자네의 주장은 나라의 근본을 흔드는 위험한 생각이오. 각자의 신분과 역할이 있기에 사회가 유지되는 것이오. 내가 비록 권력을 장악했지만, 나 역시 그 질서 안에서 움직였소. 명종, 신종, 희종을 폐위시킨 것은 사실이지만, 그것은 더 나은 통치를 위한 결정이었소.

만적: 어르신께서 마음대로 왕들을 폐위하고 옹립하니 왕들은 결국 꼭두각시가 되어버렸지 않습니까? 그런 와중에 하층민들의 삶은 더욱 피폐해졌습니다. 어르신께서는 아마도 노비들이 어떤 삶을 사는지 모르실 겁니다. 우리는 주인의 명령 하나에 생사가 좌우되고, 가족도 뿔뿔이 팔려 갈 수 있는 신세였습니다. 그런 상황에서 질서를 지키라고요? 우리가 원한 것은 단지 인간다운 삶이었습니다.

최충헌: 내가 집권하는 동안 고려 사회를 안정시키려 노력했소. 나는 실권자로서 많은 결정을 내려야 했고, 때로는 강경한 조치를 취해야 했소. 나는 최씨 정권을 연 첫 권력자로서 내 아들 최우에게 권력을 물려주어 안정적인 통치 기반을 마련했소.

만적: 우리의 고통은 날마다 계속되었고, 그 고통 속에서 죽어가는 이들도 있었습니다. 1198년 5월, 우리의 반란은 절망 속에서 피어난 희망의 몸부림이었습니다. 비록 실패했지만, 우리의 외

침은 후대에까지 전해져 최초의 신분 해방 운동으로 기억되고 있습니다.

최충헌: 자네의 반란 시도가 어떻게 끝났는지 알고 있을 테지. 결국 진압되었고, 자네와 동료들은 처형되었소. 그것이 현실이오. 이상을 좇는 것도 좋지만, 현실을 직시하는 것도 중요하오. 최씨 정권은 대를 이어 권력을 세습했고, 나 최충헌에서 최의에 이르는 4대 60여 년 동안 안정적으로 지속되었소.

만적: 저의 반란 시도는 실패했지만, 그 정신은 살아남았습니다. 후대의 사람들이 저희의 투쟁을 기억하고 있으니까요. 어르신께서는 권력을 아들에게 물려주셨다고 자랑스럽게 말씀하시지만, 그것이 과연 고려 사회 전체를 위한 일이었습니까? 최씨 정권은 이후 몽골이 침입해 왔을 때 강화 천도를 하고 백성들은 내팽개쳐졌지요. 자신들의 권력에만 눈이 멀었던 게 아닙니까? 결국 최씨 정권은 1258년 유청, 김준 등에게 제거됨으로써 막을 내렸습니다. 하지만 저희가 추구했던 이상은 오늘날까지 이어지고 있습니다.

최충헌: 내가 집권하기 전 고려는 무신들의 권력 다툼으로 더 큰 혼란에 빠져 있었소. 적어도 내 통치 아래에서는 그런 극심한 권력 투쟁은 없었소. 역사는 나를 반역자로 격하시켰지만 말이오.

만적: 저는 제가 한 일을 후회하지 않습니다. 비록 실패했고 목숨을 잃었지만, 불의에 맞서 싸운 것은 옳은 일이었습니다. 언젠가는 모든 노비들이 해방되어 자유롭게 살 수 있는 세상이 올 것이라고 믿습니다. 저희의 투쟁은 그 변화의 작은 씨앗이 될 것입니다. 오늘날 제 이름이 신분 해방 운동의 한 사례로 기억되고 있다는 사실이 그 증거가 아닐까요?

이들의 대화를 통해 우리는 고려 시대의 복잡한 사회 구조와 갈등을 엿볼 수 있습니다. 권력을 장악하고 질서를 유지하려는 통치자의 논리와 그 질서 속에서 억압받던 이들의 저항 정신은 어쩌면 오늘날까지도 우리 사회에 공존하고 있는지도 모릅니다.

여러분은 최충헌의 무신정권이 고려를 더 나은 사회로 만들었다고 생각하나요? 아니면 개인의 욕심 때문에 만들어진 정권일까요? 만적은 주인을 배신한 반역자일까요? 친구들과 함께 의견을 나누어봅시다.

조선의 통치 체제를 정비한 정도전과 태종

—

왕권을 강화할 것인가, 신권을 강화할 것인가?

"고려에 이어 새로운 나라 조선이 건국되었을 때 왕과 신하들은 통치 체제를 정비하기 위해 고민했습니다. 그 결과 조선시대에는 의정부와 6조를 중심으로 통치 체제를 정비하게 되었는데요. 통치 체제 정비를 위해 왕권 강화 또는 왕권과 신권의 조화를 이루고자 했던 사람들의 이야기를 들어봅시다."_김정은

조선시대에는 국정을 총괄했던 의정부와 정책을 집행하는 6조를 중심으로 중앙 정치 기구를 조직하고 '6조 직계제'와 '의정부 서사제'라는 방식으로 운영하게 되었는데요. 태종(1367~1422)은 왕자의 난을 통해 재상 중심의 정치를 주장한 정도전(1342~1398)을 제거하고 왕이 되었기 때문에 강력한 왕권을 확립시켜 의정부를 거치지 않고 6조에 명령을 전달한 6조 직계제를 시행했습니다. 이에 반해 세종(1397~1450)은 의정부 설치의 목적을 살려 신하들이 의논하고 왕에게 전달하게 하는 의정부 서사제를 실시하여 왕권과 신권의 조화를 이루기 위해 노력하였습니다.

이렇듯 조선시대에는 통치 체제를 어떻게 정비할 것인지에 대한 다양한 생각들이 있었습니다. 왕권을 강화할 것인가, 왕권과 신권의 조화를 이룰 것인가 하는 정치적인 고민들이 이어졌지요. 조선시대 왕과 신하들이 만들고자 했던 통치 체제를 각 인물의 삶과 생각을 들여다보며 구체적으로 살펴볼까요? 통치 체제의 의미를 들여다보고자 가상의 대화 상황을 설정하였으니 실제 역사 상황과 혼돈하지 않도록 유의해주세요.

정도전: 고려 말 정계에 진출했을 때 국정은 혼란스러웠습니다. 왕은 혈연으로 세습되는데, 임금의 자질에 따라 나라가 흥하기도 하고 망하기도 했지요. 무능한 군주가 국정을 맡으면 정치가 불안정해집니다. 그래서 저는 재상 중심의 관료 체제를 구상했습니다. 성리학의 이상인 왕도 정치와 **민본 정치**는 똑똑한 재상이 국정을 운영할 때 실현됩니다. 『조선경국전』에서 밝혔듯이, 재상이 정치를 주도하고 신하들이 회의로 결정하는 것이 이상적입니다.

태종: 그대의 뜻은 알겠으나, 과인은 생각이 다르오. 왕권과 재상권이 균형을 이뤄야 하는데, 재상에게 권력이 집중되면 오히려 왕권이 약화되지 않겠소? 그대는 막내 방석을 세자로 책봉하여 재상 중심 정치를 펼치려 했소. 이는 왕권에 도전하는 것이며, 건국에 공을 세운 우리 형제들을 무시하는 행동이었소. 그대가 그렇게 신봉하는 성리학에 따르면 맏아들을 세자로 삼는 것이 원칙이지 않소?

정도전: 막내 방석을 세자로 책봉한 것은 아버님이신 태조의 결정이었습니다. 저는 태조의 의중을 받들어 왕을 보좌하여 재상 중심의 합리적인 정치 체제를 만들고자 했습니다. 왕이 모든 것을 독단하는 것보다, 재상과 신하들이 함께 논의하여 백성을 위한 정치를 펼치는 것이 왕도 정치이기 때문입니다. 『조선경국전』에서 제가 주장한 것은 왕을 신하 아래에 두자는 것이 아니라, 왕이 현

명한 재상을 선택하고 그들의 조언을 받아 성리학의 이상을 실현하자는 것입니다.

태종: 태조께서 새 나라를 세우실 때, 누가 가장 앞장섰소? 위화도 회군 이후 정몽주를 제거하고 새 왕조의 길을 연 것이 바로 나였소. 선죽교에서 정몽주를 죽인 것도, 고려의 신하들을 설득하고 제거한 것도 나였소. 형들은 무예나 익히고 있었지만, 나는 정치의 최전선에서 피를 묻혀가며 새 왕조의 기틀을 다졌소. 그런데 그렇게 건국한 조선을 겨우 열 살 남짓한 아이를, 그것도 건국에 아무런 공도 없는 아이를 후계자로 삼았으니 나와 내 형제들은 분노할 수밖에 없었소.

정도전: 하지만 그것이 왕자의 난을 일으켜 배다른 형제들과 저를 죽일 수 있는 명분은 될 수 없다고 봅니다. 태조께서 신덕왕후를 정비로 삼으시고 방석을 세자로 책봉하셨는데, 그 결정을 왕자의 난으로 뒤엎은 것은 역모가 아니고 무엇이겠습니까?

태종: 그대가 말하는 재상과 신하들이 함께 의논하여 백성을 위한 정치를 펼친다는 재상 정치는 듣기에는 그럴듯하지만, 현실에서는 통하기 어렵소. 재상들에게 권력을 주면, 그들은 백성이 아니라 자신의 이익을 챙기오. 당파를 만들어 서로 싸우고, 왕을 무시하며 권력을 농단하오. 그것이 바로 재상 정치의 실체요. 그

래서 과인은 왕이 된 후 6조 직계제를 실시했소. 6조가 의정부를 거치지 않고 직접 왕에게 보고하도록 하여 왕의 정책 결정권을 강화했소. 의정부의 심의 과정을 생략하고, 6조 판서를 정2품으로 상향하여 실질적인 권한을 부여한 것이지.

세종: 아버님, 아버님께서 강력한 왕권으로 국정을 안정시키신 것은 이해합니다. 하지만 저는 다른 길을 선택했습니다. 의정부 서사제를 실시하여 6조가 의정부에 보고하고, 3정승이 논의한 후 제게 재가받도록 했지요. 6조 직계제는 모든 국정을 왕이 직접 통제할 수 있지만, 왕에게 업무가 과도하게 집중됩니다. 의정부 서사제는 왕과 신하의 협치를 유도하며 왕권과 신권의 조화를 이룹니다. 신하들의 합의 과정에서 다양한 의견을 수렴할 수 있고, 이것이야말로 백성을 근본으로 하는 민본주의를 실현하는 길입니다.

태종: 그렇게 신하들에게 권한을 주면 왕권이 약해질 수 있소, 세종. 정도전의 예를 보지 않았소? 재상이 힘을 얻으면 왕을 무시하고 제 뜻대로 나라를 움직이려 하오.

정도전: 전하, 그것은 오해입니다. 재상은 임금을 받들고 백관을 통솔하여 만민을 다스리는 자입니다. 왕께서 훌륭한 재상을 선택하시면 됩니다. 재상을 잘 뽑으면 왕이 특별히 뛰어나지 않아도

평균적인 정치 운영은 가능합니다.

세조: 할아버님 말씀이 옳습니다. 아버님의 의정부 서사제가 문종과 단종 대를 거치며 오히려 정치적 폐해를 일으켰습니다. 신권이 과도하게 강화되어 왕권이 약화되었지요. 조카 단종이 만 12세에 즉위하면서 의정부 대신과 외척이 정무를 처리했습니다. '황표 정사'를 아십니까? 의정부에서 미리 임명할 사람을 정하고 그 이름 위에 노란 띠를 붙여 올리면, 단종은 그저 황표가 붙은 사람을 낙점했을 뿐입니다. 왕권이 땅에 떨어진 것이지요. 그래서 저는 계유정난을 일으켜 왕권을 강화했고, 할아버님을 본받아 6조 직계제를 다시 실시했습니다.

세종: 단종이 어렸기 때문에 생긴 문제를 제도 탓으로 돌리는 것은 옳지 않소. 의정부 서사제는 왕이 현명하게 운영하면 신하들의 지혜를 모아 더 나은 결정을 내릴 수 있는 제도요. 왕 혼자 모든 것을 결정하는 것보다, 함께 논의하여 백성을 위한 정치를 펼치는 것이 더 바람직하지 않겠소?

태종: 세종, 그대의 이상은 아름답소. 하지만 현실은 냉혹하오. 왕권이 약하면 신하들이 당파를 지어 권력을 다투고, 나라는 혼란에 빠지오. 과인이 6조 직계제로 강력한 왕권을 세운 것은 바로 그런 혼란을 막기 위함이었소.

정도전: 그것이야말로 왕 한 사람의 능력에 모든 것을 거는 위험한 발상입니다. 왕이 현명하면 다행이지만, 무능하거나 폭군이 된다면 어찌하시겠습니까? 제도로 견제하고 재상과 신하들이 함께 논의하는 체제가 더 안정적입니다.

세조: 정도전, 그대의 이론은 그럴듯하나 현실에서는 통하지 않았소. 그대가 꿈꾼 재상 중심 정치는 결국 왕권을 위협했고, 그대 자신도 제거되지 않았소? 강력한 왕권 없이는 나라를 지킬 수 없소.

세종: 왕권만 강조하면 왕의 독단이 되고, 신권만 강조하면 왕권이 약해지오. 그 중간에서 균형을 찾아야 하오. 왕은 최종 결정권을 갖되, 신하들의 논의를 존중하는 것, 그것이 진정한 조화가 아니겠소?

지금까지 조선 건국 때부터 세조 때까지 국정을 운영하는 방식이 어떻게 변화해왔는지 살펴보았습니다. 6조 직계제를 실시할 것인가, 의정부 서사제를 실시할 것인가 통치 체제 운영의 방식은 달랐지만 저마다 자신이 생각하는 정치 운영을 실현하기 위해 노력한 결과였다는 것만은 분명합니다. 6조 직계제를 실시하면 의사결정은 빠를 수 있지만 왕이 독단적으로 결정할 위험이 있습니다. 반면 의정부 서사제는 신중한 결정이 가능하지만 책임 소재가 불

분명하고 의사결정이 빠르지 않다는 단점이 있습니다. 현대 한국의 정치도 대통령의 권한을 강화하면 제왕적 대통령제라고 비판받고, 의회의 역할을 강화하면 대통령의 권한이 약해진다고 비판받습니다. 권력을 집중하여 효율성을 추구할 것인가, 권력을 분산하여 다양성을 추구하고 견제할 것인가는 영원한 정치적 과제가 아닐까요?

일제강점기를 살아간 두 지식인 윤동주와 이광수

—

갈림길에서 엇갈린 지식인들

“일제강점기에는 주권을 되찾기 위해 무장 투쟁, 실력 양성 운동 등 다양한 방법으로 독립운동을 한 사람들이 많았습니다. 그러나 때로는 독립운동가가 변절하여 일본의 조선 지배를 정당화하거나 지지하는 모습을 보이기도 했습니다. 동시대를 살아간 사람들이 왜 다른 선택을 하게 되었는지 궁금하지 않나요?”_김정은

'일제강점기를 살아간 문학가' 하면 어떤 사람이 떠오르시나요? 많은 학생이 부끄러움과 성찰의 시를 써 내려간 윤동주(1917~1945)를 떠올립니다. 그렇다면 윤동주를 독립운동가라고 표현할 수 있을까요? 윤동주가 홍범도, 김좌진 등 무장투쟁 운동을 전개한 독립운동가들처럼 총과 폭탄을 들고 싸운 것은 아니지만, 그는 일제 식민지 현실을 드러내는 시를 쓰고, 시 속에서 식민지 현실에 대한 깊은 고뇌와 조국에 대한 사랑을 표현하였습니다. 그러니 윤동주는 총 대신 펜으로 일제에 저항한 것이지요.

일제강점기에는 윤동주처럼 문학 작품을 통해 시대 현실에 저항한 사람들이 많았습니다. 우리는 그들을 저항 시인, 민족시인이라고 부르기도 합니다. 그렇다면 이광수(1892~1950)는 어떤가요? 한국 최초의 근대 장편 소설인 「무정」을 저술한 이광수는 한때 2·8 독립 선언에 참여했던 깨어 있는 지식인이었지만 결국 일제에 협력하여 일본의 침략 전쟁을 미화하는 글을 쓴 변절자, 친일파의 상징적인 인물이 되었습니다.

일제강점기라는 동시대를 살아간 윤동주와 이광수, 이 두 지식인이 각각 독립운동가와 친일파라는 다른 길을 걸어가게 된 계기는 무엇일까요? 일제강점기 조선의 독립을 외칠 것인가, 일제에 협력할 것인가 갈림길에서 고뇌한 지식인의 삶을 두 사람의 대화로 살펴봅시다.

윤동주: 이광수 선생님 안녕하십니까? 선생님은 비록 지금은 친일 문학가로 알려졌지만, 한때는 저처럼 일본에서 유학하며 2·8 독립선언을 주도할 정도로 독립운동에 대한 열망이 강한 분이었다고 들었습니다. 실제로 선생께서는 문학을 민족을 일깨우는 수단이라고 생각하며 「무정」, 「흙」과 같은 계몽 소설을 쓰기도 하셨지요. 그런데 어떻게 신념을 저버리고 친일 문학가의 길을 걷게 되었는지 궁금합니다.

이광수: 자네의 말처럼 나도 젊었을 때는 독립을 꿈꾸며 2·8 독립선언에 참여했지. 일본 유학 중에 근대 문학과 서구 사상, 민족주의에 관하여 공부했다오. 문학이 사회를 변화시킬 수 있고, 문학으로 우리 조선을 계몽시킬 수 있을 것으로 생각했다네. 2·8 독립선언을 주도한 핵심 인물로 체포되어 6개월간 옥살이를 했지만, 그때는 일본 제국의 힘에 맞서 싸우자는 마음이 컸네. 하지만 어느 순간 우리 민족의 정신적 나약함과 비합리성 때문에 식민지가 된 것은 아닐까 하는 자기반성을 하게 되었네. 이런 내 생각은 나의 자전적 수필인 「나의 고백」에 잘 드러나 있다네.

"동경의 불빛 아래에서, 나는 조선이 왜 이토록 약한가를 물었다.
일본을 미워하면서도 그 조직과 힘에 놀랐고,
조선을 사랑하면서도 그 혼란과 무질서에 슬펐다."

그래서 일제에 저항하기보다는 우리 내면을 개혁하고 근대화해야 한다고 생각하게 되었네. 지금 당장 독립을 이룬다는 것은 불가능해 보였기 때문에 일본으로부터 자치권을 획득하여 민족 역량을 키운 후 독립을 준비하는 것이 나을 수도 있다고 주장하게 된 거야.

윤동주: 선생님도 처음에는 독립을 위해 여러 활동을 하셨지만, 일본의 강압적인 체제와 현실에 타협하게 되신 것이로군요. 하지만 저는 선생님과 달리 그런 현실에 굴복할 수 없었습니다. 그렇다고 제가 총이나 폭탄을 들고 독립운동을 할 수 있는 처지는 아니었기에 부끄럽지만 시를 통해서나마 시대 현실에 저항하고자 했습니다. 내 나라를 위해, 내 민족을 위해 지식인으로서 무엇을 할 수 있을까 고민하며 시를 썼습니다. 그러다 저는 조선인 유학생들과 함께 조선 독립과 민족 계몽을 위해 무엇을 할 것인지를 논의하였다는 이유로 체포되었습니다. 당시 저는 "민족의식을 갖고 조선 독립의 야망을 실현하려 했다"라며 2년 형을 선고받고 후쿠오카 교도소에 갇히었지요.

이광수: 옥살이를 하며 자네가 무슨 생각을 했을지 궁금하군. 그래도 자네 역시 일본으로 유학을 떠나기 위해 창씨개명을 하지 않았는가. 위대한 일본 제국의 신민이 되어 일본 유학을 한 셈이니 자랑스럽다는 생각은 없었는가? 나는 일본을 건국한 신무천황이 즉위한 향구산의 향산(香山)을 따서 씨로 삼았고, 광수의 '光' 자와, 일본식 이름인 '郎' 자로 해서 향산광랑으로 창씨개명을 하였지. 이로써 천황의 신민이 되었으니 내 자손도 천황의 신민으로 살 수 있고 조선인으로서 차별받지 않고 일본인으로 살아갈 수 있다는 것이 매우 기뻤다네.

윤동주: 선생은 창씨개명으로 일본 신민이 되는 것이 자랑스럽게 느껴졌을지 몰라도 저는 일본 유학을 위해 어쩔 수 없이 창씨개명을 해야 했습니다. 그래서 파평 윤씨라는 점을 강조하기 위해 본관에서 '平'을 취하고, 시조가 연못에서 발견되었다는 설화에 근거하여 '沼'를 취하여 히라누마 도슈(平沼東柱)로 이름을 바꾸었습니다. 그마저도 부끄러웠기에 「참회록」이라는 시에 제 마음을 담아내었지요.

이광수: 나는 일본이 이렇게 쉽게 패망하리라고는 생각하지 못했네. 일본 유학 시절 겪은 근대화된 일본의 모습은 나에게 동경의 대상이었고, 우리 조선이 일본을 본받아 발전할 것이라고 생각했지. 그래서 일본이 수행하는 전쟁에 우리나라의 청년들이 기

쁘게 참여해야 한다고 생각하여 독려했던 것이지.

윤동주: 선생의 독려로 전쟁에 나갔던 수많은 젊은이가 목숨을 잃었을 것입니다. 그리고 선생은 그런 젊은이들의 희생을 당연한 것처럼 생각했지요. 지식인으로서 일본 제국주의의 실상을 알리지 않고 일본의 전쟁 수행을 정당한 것처럼 포장한 것은 지식인의 책임을 저버린 잘못된 선택이었다고 생각합니다.

지금까지 일제강점기를 살았던 두 지식인의 생각을 들어보았습니다. 한때 자신의 글 쓰는 재주를 나라의 독립을 위해 발휘했지만 결국 친일의 길로 들어섰던 이광수와 지식인으로서의 성찰을 통해 시대 현실에 저항했다가 체포되어 일본 감옥에서 생을 마감한 윤동주. 두 지식인의 삶을 들여다보며 어떤 생각이 들었나요? 일제강점기에는 치열하게 독립운동을 했던 사람들이 있었던 반면 그런 독립운동가들을 일제에 팔아넘기는 밀정, 친일파도 존재했습니다. 국권을 빼앗긴 채 억압 속에서 살아가야 했던 시대 현실 속에서 먹고살기 위해, 생존하기 위해, 더 나은 국가를 만들기 위해 친일을 했다는 사람들을 어쩔 수 없는 선택을 한 것이라고 옹호할 수 있을까요?

개인의 신념과 시대적 상황이 충돌할 때, 우리는 저마다 보편적 관점에 기반한 윤리적 선택을 해야 합니다. 나의 선택이 인간의 존엄성을 빼앗는 것은 아닌지, 나의 선택이 누군가에게 피해를 주는 것은 아닌지 고민하며 행동해야 합니다. 나치 시대 오스카 쉰들러는 비록 나치당에 입당하긴 했지만 자기 재산을 모조리 털어 수천 명의 유대인을 보호했습니다. 반면 나치 독일의 친위대 장교였던 아돌프 아이히만은 유대인을 학살하는 일에 조직적으로 가담했음에도 불구하고 상부의 명령을 따른 것뿐이라며 무죄를 주장했죠. 시대가 어렵다고 모든 선택이 정당화되지는 않습니다. 역사는 결국 어느 편에 섰는지를 기억하니까요. 완벽한 답은 없지만, 적어도 우리는 역사를 이끌어가는 주체로서 인간의 존엄성을 지키기 위한 선택을 해야 하지 않을까요?

다른 길을 걸은 두 독립투사 김구와 김원봉

—

독립을 위해서는 반드시 통합해야 하는 것일까?

대한민국 임시정부의 법통을 지키며 독립운동을 이어온 김구와 임시정부 밖에서 강력한 무력 투쟁과 일제에 맞선 김원봉의 이야기입니다. 비록 독립에 이르는 방법론은 달랐으나 조국의 자유라는 하나의 목표를 향해 치열하게 고민했던 두 투사의 진심을 비교해봅니다."_김현빈

의열기념관
기억은 산자의 의무다!
백년을 살기보다 조국의 영광을 선택한 대한독립의 영웅!

1919년 3월 1일, 일제의 강압적인 동치에 맞서 많은 조선인이 거리에 나와 독립을 부르짖었습니다. 이러한 3·1 운동을 전후로 하여 독립운동에도 다양한 움직임이 등장하였습니다. 독립운동의 구심점이 필요하다는 주장을 계기로 임시정부를 수립하려는 움직임이 나타나기도 하였고, 독립을 쟁취하기 위하여 조직적인 무장투쟁이 필요하다는 인식도 나타났으며, 의열투쟁을 목적으로 하는 단체도 등장하였죠.

그중 대한민국 임시정부를 이끈 김구(1876~1949)와 의열단을 만들어 의열투쟁을 전개한 김원봉(1898~1958), 두 인물의 이야기를 들어봅시다.

김구: 나 김구는 1876년에 태어나 어린 시절부터 이 나라의 운명을 지켜보았네. 내 젊은 시절, 우리나라는 이미 **강화도조약**으로 억지로 일본 등과 교류하게 되면서 외세의 간섭 속에 신음하고 있었지. 그때부터 나는 우리 민족의 자주독립을 위해 내 생을 바치기로 결심했네.

나는 대한민국 임시정부의 법통을 지키며 국제사회에서 우리의 독립을 인정받는 것이 중요하다고 생각했네. 1926년 임시정부 **국무령**을 맡았을 때도, 나는 시골의 미천한 출신이라 사양했지만, 독립운동의 명맥을 이어가기 위해 수락했다네.

내가 '한국독립당'을 조직한 것도 이런 이유에서였어. 산발적인 저항보다는 조직적이고 체계적인 독립운동이 필요했지. 1930년 1월, 상하이 프랑스 **조계지**에서 이시영, 이동녕 선생과 함께 한국독립당을 조직했을 때, 우리는 이를 통해 국내외 독립운동 세력을 하나로 모으고 임시정부의 기반을 튼튼히 하고자 했다네.

김원봉: 제가 1898년에 태어났으니, 김구 선생님보다는 22년이나 후배이지만, 그만큼 더 급박한 시대를 살았습니다. 3·1 운동을 목격한 후, 저는 평화적인 시위나 외교적 노력만으로는 일제의 식민 지배를 무너뜨릴 수 없다는 깨달음을 얻었습니다.

그래서 1919년 12월, 저는 윤세주, 이성우, 곽경, 강세우 동지들과 함께 '의열단'을 조직했습니다. 우리는 조선 총독 및 총독부 고관, 군부 수뇌와 매국적 친일파 거두들을 암살 대상으로 삼았습니다. 무력 항쟁 없이는 일제의 잔혹한 지배를 끝낼 수 없다고 확신했기 때문입니다.

의열단 단장으로서 경찰서와 동양척식주식회사 같은 일제 식민지배기구에 대한 폭탄 투척 작전을 지휘했습니다. 그러나 이러한 의열투쟁만으로는 한계가 있음을 깨달았고, 1926년에는 황푸 군관학교에 입소하여 체계적인 군사훈련을 받기도 했습니다. 중국 국민당의 **북벌**에 합류하고, 국민당의 지원을 받아 조선혁명간부학교를 창설하는 등 보다 조직적인 항일투쟁을 위해 노력했습니다.

김구: 나는 우리 민족의 행복은 단순히 일제의 압제에서 벗어나는 것을 넘어, 우리가 하나가 된 국가를 건설하는 데 있다고 보았네. 그런 의미에서 민족의 통합과 화합이 무엇보다 중요하다고 생각했지. 임시정부에서 일할 때, 나는 항상 우리 민족의 단결을 중요시했다네. 임시정부의 활동이 때로는 느리고 성과가 더디게 보일 수 있지만, 이것이 장기적으로 우리 민족의 온전한 독립과 통합을 가져올 수 있는 길이라고 믿었다네.

김원봉: 일제의 강압적인 식민 지배 아래에서는 투쟁의 방식도 그에 맞게 강력해야 한다고 생각합니다. 제가 의열단을 이끌며 투쟁을 펼쳤던 것은, 그것이 당시 상황에서 가장 효과적인 저항 방법이라고 믿었기 때문입니다.

하지만 저 역시 연합의 필요성을 깨달았습니다. 그래서 1935년에는 신한독립당, 한국독립당, 대한독립당, 조선혁명당, 의열단 등의 단체를 규합하여 민족혁명당을 조직했습니다. 1938년에는 또다시 중국 국민당의 지원을 받아 조선의용대를 편성하여 대장에 취임했습니다. 공산당은 제가 국민당과 연계하였다고 비난했지만 일본과의 투쟁을 위해서는 모든 세력의 연합전선이 필요하다고 생각했습니다.

김구: 독립운동가들은 서로 다른 길을 걸어왔지만, 조국의 독립이라는 같은 목표를 향해 나아갔네. 내가 임시정부에서 정치적 활동을 펼친 것은 단순히 일제의 압제에서 벗어나는 것을 넘어, 통일된 독립 국가를 건설하기 위함이었네. 독립 이후에도 나의 신념은 변하지 않았네. 민주주의와 평화적 통일을 통해 우리 민족이 하나 되어야 한다고 믿었지. 비록 통일된 조국을 보지 못했지만, 내가 꿈꾸던 독립 국가의 이상은 여전히 유효하다고 생각하네. 우리가 걸어온 길이 다르더라도, 독립을 향한 열망은 같았음을 기억해주게. 역사는 우리 모두를 독립투사로 기억할 것이네.

김원봉: 김구 선생님과는 통일 방안 등을 놓고 대립하기도 하였지만 우리 모두 조국의 독립과 민족의 행복을 위해 자신의 방식으로 최선을 다하였다고 생각합니다. 비록 저는 독립 후 남한에서 친일 경찰 노덕술에게 수모를 당하는 등 시련을 겪다가 결국 **홍명희** 선생과 같은 이들처럼 월북하였지만, 우리의 독립운동 역사에서 의열투쟁의 역할과 의미는 절대 퇴색되지 않을 것입니다.

어떤가요? 본문에서는 평화로운 대화를 나눈 두 사람이지만 『백범일지』 등 실제 사료를 살펴보면 이들은 서로에 대해 생각보다 더 비판적인 태도를 보이기도 하였습니다. 하지만 독립을 바라는 마음은 김구와 김원봉 등 많은 독립운동가 모두가 같지 않았을까요? 그러나 어떤 사람들은 독립운동이 통합되지 못하고 다양한 노선으로 나뉜 것을 안타까워 하기도 하지요. 새롭고 다양한 사상들이 유행하던 그때 그 시대에는 당연한 일일지도 모르겠습니다.

그러면 이러한 문제는 극복해야 하는 것이었을까요? 아니면 역사적 흐름 속에서 자연스러운 일이었을까요? 지금까지도 분단되어 있는 한반도에서는 모든 사상을 하나로 통합해야 하는 것일까요? 아니면 그렇지 않을 수 있을까요? 친구들과 이야기를 나누어 봅시다.

산업화를 이끈 박정희 대통령과 노동운동가 전태일 열사

—

경제와 노동자의 인권은 함께 성장할 수 없을까?

"'한강의 기적'이라 불리는 국가 주도의 고속 성장을 이끈 박정희 대통령과 '우리는 기계가 아니다'라고 외치며 노동자의 인권을 위해 자신을 던진 전태일 열사를 소환했습니다. 현대사의 빛나는 성취 뒤에 가려진 노동자들의 희생을 되짚어보며, 성장과 인권의 공존에 대해 생각해보고자 합니다."_김현빈

근로기준법을
준수하라!

'대한민국 현대사에서 가장 논쟁적인 인물' 하면 여러분은 누가 제일 먼저 떠오르나요? 여러 인물을 꼽아볼 수 있겠지만 역시 박정희(1917~1979) 대통령이 가장 대표적인 인물이 아닐까 합니다. '한강의 기적'이라 불리는 경제 성장을 이끌었지만 '유신 헌법'으로 민주주의를 훼손하고 시민들을 억압하기도 했기 때문이죠. 박정희 대통령은 대한민국의 제5~9대 대통령을 역임하며 경제 개발 5개년 계획을 추진하였습니다. **한일 협정**, **베트남 파병**으로 외화를 마련하고, 외국의 원료를 들여와 값싼 노동력을 활용하여 가공·수출하는 경제 정책을 추진하여 경제 기초를 다졌으며, 1970년대에는 중화학 공업을 적극적으로 육성하였죠. 이러한 과정을 '산업화'라고 하는데요. 산업화가 진행되면서 도시 노동자 수와 경제성장률이 많이 증가하였습니다.

그러나 정부와 기업은 수출 경쟁력을 확보하기 위해 노동자의 권리를 제한하고 임금을 낮게 유지했습니다. 노동자들은 낮은 임금과 열악한 작업 환경 속에서 장시간 노동에 시달릴 수밖에 없었습니다. 도시 빈민 또한 여전히 많았지요. 이러한 상황에 처절히 저항하고자 전태일(1948~1970)은 근로기준법의 준수를 요구하며 자기 몸에 불을 지르고야 말았습니다.

경제와 노동자의 인권은 함께 성장할 수 없는 걸까요? 모두가 함께 살아갈 수 있는 지속가능한 세상은 불가능한 것일까요? 박정희 대통령과 전태일 열사의 이야기를 한번 직접 들어봅시다.

박정희 대통령: 내가 1961년 5월 16일 군사를 일으켜 권력을 잡았을 때, 이 나라는 전쟁의 잿더미 위에 서 있었소. 1인당 국민소득이 79달러밖에 되지 않는 최빈국 중 하나였지. 이렇게 가난한 국가를 일으켜 세우려면 강력한 리더십이 있어야 한다고 나는 생각했다네.

장면 내각의 경제 개발 5개년 계획을 보완하여 1962년에 이 경제 개발 5개년 계획을 발표할 때, 그 누구도 우리가 성공할 거라 믿지 않았소. 하지만 한일 협정과 베트남 파병으로 얻은 외화가 산업화의 초석이 되었고, 1970년 포항제철을 설립하여 중화학 공업의 기반을 다지고 1971년에는 수출 100억 달러를 달성할 수 있었지.

전태일 열사: 각하께서 말씀하시는 기적은 우리 노동자들의 피땀 위에서 이루어진 것입니다. 그러니 엄밀하게 말하면 기적이 아니지요. 저는 1948년 대구에서 태어나 1965년 서울 평화시장에서 견습생으로 일하며 의류 재단사가 되었습니다. 이때 공장에서 극한의 노동 조건을 견뎌야 하는 젊은 여성 노동자들의 모습을 목

격하였죠. 제가 보았던 건 공장이라는 이름의 '지옥도'였습니다. 하루 14시간, 일주일에 98시간 노동에 기껏해야 70원에서 160원의 급료밖에 받지 못하는 세상, 이것이 1970년대 노동자의 현실이었죠. 현재 가치로 따지면 하루 2,000원에서 3,000원 정도 받은 거라고 할 수 있습니다.

1969년, 저는 하루 8시간, 1주일에 48시간을 초과할 수 없다고 명시된 **근로기준법**을 발견하고 희망을 품었습니다. 하지만 법은 허울뿐이었어요. 1970년 9월 '삼동친목회'를 만들어 설문조사를 해보니 대부분의 사업장이 이를 지키지 않고 있었습니다. 허탈감을 느낄 수밖에 없었죠.

박정희 대통령: 국가 존망의 갈림길에서 소모적 논쟁을 할 여유가 없었소. 1960년대 경제성장률 9.5%, 1970년대 9.3%는 내 정책의 성과요. 수출 100억 달러 돌파 때 노동자들도 자부심을 느꼈을 거요. 1970년대 중동 건설 붐으로 100만 명이 해외 진출한 것도 국부 창출의 길이었지.

전태일 열사: 숫자에 가려진 노동자들의 희생이 보이지 않으시나요? 평화시장에서 일하던 노동자 대부분은 환기도 되지 않는 좁디좁은 작업장 안에서 몸조차도 제대로 펴지 못하며 일하였습니다. 심지어 이곳 공장 여성들은 섬유 먼지로 폐질환에 걸려도 치료비 한 푼 받지 못한 채 해고당해야 했습니다. 그뿐인가요? 어

린아이들에게도 일을 더 많이 시키기 위해 각성제를 먹였죠. 이런 일들이 대한민국의 자랑이 될 수 있을까요? 더 나은 노동 조건을 위해 만들었던 '바보회'는 해산되었고, 저는 결국 회사에 밉보여 해고되었습니다. 이 시기쯤에 저는 '태일피복'이라는 회사를 구상하며 노동자의 인권과 기업 이윤을 모두 아우르는 회사를 만들고자 시도했지만 주위의 무관심 속에서 이마저도 쉽지는 않았죠.

박정희 대통령: 국가 생존을 위해선 노동자들의 희생이 필요했소. 1960년대 식량 원조로 연명하던 나라가 1976년 원조 중단 선언을 할 수 있었던 건 내 강력한 통제 정책 덕분이요. 1979년 1인당 GDP 1,700달러 달성은 내 정책의 합리성을 증명하지.

전태일 열사: 무엇이 합리적이었던 걸까요? 1970년 10월 6일 노동부에 탄원서를 제출했지만, 이후 '문제 해결'이라는 거짓 답변만 받았습니다. 저는 깨달았습니다. 목숨을 걸지 않는 한 아무것도 바뀌지 않을 거라는 사실을요. 따라서 11월 13일의 시위는 어떤 방법도 통하지 않던 저에게 절박한 선택이었습니다. "근로기준법을 준수하라!", "우리는 기계가 아니다! 일요일은 쉬게 하라!", "노동자를 혹사하지 말라"는 저의 외침이 정부에 닿기를 간절히 바라며 저는 제 몸에 불을 지를 수밖에 없었습니다.

박정희 대통령: 역사는 결과로만 평가할 것이오. 1962~79년 연

평균 9.2% 경제 성장, 수출 100억 달러 달성…. 이 숫자들이 내 정책의 성공을 증명하지 않소?

전태일 열사: 노동자들의 배고픔은 아직 사라지지 않았습니다….

여러분, 박정희 대통령과 전태일 열사의 이야기를 잘 들어보셨나요? 여러분은 누구의 생각이 더 옳다고 생각하세요? 이러한 일은 비단 우리나라만의 문제는 아니었습니다. 1886년 미국에서도 노동자들이 8시간 노동제를 요구하며 시위하다가 경찰에 의해 무력으로 진압당하기도 하였죠.

경제 성상을 위해서 노동자들의 권리는 억압해야만 하는 것일까요? 아니면 모두가 공존할 수 있는 방법이 있을까요? 친구들과 함께 의견을 나누어봅시다.

교과서 속 역사 인물, 우리에게 알려진 모습이 과연 전부일까?

춘추전국시대를 통일한 진시황

—

그는 정말 폭군일까?

"흔히 진시황을 폭군의 대명사라고 합니다.
하지만 전국시대를 통일하여 중국이라는 역사적
정체성을 마련했다는 점에서 그의 업적은 중요합니다.
흑백논리에서 벗어나 진시황을 만나봅시다."_김정모

여러분, 진시황(259 BCE~210 BCE)이라는 이름을 들어본 적 있나요? 세계사나 동양사 시간에 '중국 최초의 황제'로 배우지요. 그의 본명은 '영정(嬴政)'으로 춘추전국 시대를 통일한 인물입니다. '황제'라는 새로운 칭호를 만든 사람으로도 유명하고요. 그는 각기 다른 문자, 화폐, 도량형(길이·무게의 단위), 수레바퀴의 너비 등을 통일하면서 강력한 중앙집권 체제를 수립했습니다. 하지만 동시에, 엄격한 **법가** 이념을 따라 법가가 아닌 서책을 불태웠고, 반대 의견을 낸 사람을 구덩이에 파묻었으며, 만리장성과 같은 대공사를 벌여 수많은 백성을 혹사했다는 부정적인 평가도 많습니다. 그는 정말 '피비린내 나는 폭군'일까요? 이제, 진시황 본인의 목소리를 들어보시죠.

안녕하십니까, 짐은 진시황이오. 사람들은 짐을 두고 백성을 괴롭힌 무자비한 폭군이라 평하더이다. 그래서 오늘 이 자리를 빌려, 짐이 왜 그런 선택을 했고, 그 시대에 무엇을 이루려 했는지를 직접 이야기해보려고 하오.

짐이 13살의 나이에 진나라의 왕이 되었을 때, 중국은 일곱 개의 나라가 서로 싸우는 전쟁의 땅이었소. 제, 초, 한, 조, 연, 위, 그리고 진나라까지 모두 끊임없이 다투며 수많은 백성이 전쟁터에 끌려가 피를 흘렸지. 이런 끝없는 분열과 전쟁을 끝내고 하나의 천하를 만드는 것이 짐의 사명이었소. 짐은 강력한 군사력과 전략으로 여섯 나라를 차례로 정복하고, 기원전 221년에 천하를 통일했소. 백성들은 이제 피비린내 나는 전쟁을 겪지 않아도 되었소.

짐은 '황제'라는 칭호를 처음 만들어 과거의 왕들과는 다른 새로운 권위를 선언하였소. 역사상 처음으로 중국을 통일한 짐의 업적을 기존에 사용하던 '왕'이라는 칭호로 담기에는 부족했기 때문이오. 또한 **군현제**를 통해 지방 곳곳을 디스릴 수 있도록 하였소. 이는 주나라 때 제후를 보내 다스리던 봉건제에서 벗어난 혁신적인 변화였소. 지방에 비해 중앙의 힘을 강하게 하여 나라를 안정시킨 것이오. 이렇게 내가 만든 황제와 군현제 시스템은 진나라 이후로 청나라까지 2천 년 동안 이어졌다오. 짐은 이렇게 중국의 통치 제도를 확립한 것이오.

춘추전국 시대라는 오랜 분열기를 거치며, 통일 후에도 중국 각 지역은 글자, 도량형, 제도 등 많은 것이 달라 혼란스러웠소. 이에 짐은 무질서한 여러 제도를 하나로 통일하였소. 지역마다 다른 글자를 '소전체'로 정리했고, 화폐와 무게나 부피 같은 도량형도 통일하였소. 이를 통해 진나라가 하나의 제국임을 강조하려 하였고, 수레바퀴 너비까지 통일해 교통이 원활하게 이루어질 수 있도록 하였지.

지역마다 글자, 화폐, 도량형이 모두 달랐으니, 백성들이 얼마나 힘들었겠소? 이 점을 생각해보면, 짐이 시행한 통일 정책의 의미를 이해할 수 있을 것이오. 강력한 중앙 집권 체제를 만든 이유도 황제인 짐의 힘이 강해져야 이러한 통일 정책이 효과적으로 전파될 수 있다고 생각한 탓이오.

하지만 이러한 개혁이 모두에게 환영받은 건 아니었소. 통일 정책과 강력한 중앙집권에 반대하는 이들도 있었소. 특히 유가 사상을 공부한 학자들은 짐의 법가적인 통치에 반감을 품었소. 주나라 초기처럼 중앙의 힘을 줄이고 사람들의 덕을 회복시키자는 주장을 가진 그들은 옛 성현의 도를 이야기하며 짐을 비판하였소.

짐은 그들의 주장이 뜬구름 잡는 이야기라고 여겼소. 혼란기를 잠재우기 위해서는 그들의 주장대로 사람들의 선한 마음을 믿으며 교화하기보다는 강력한 법과 명령으로 통제해야 한다고 생각했지. 그래서 짐은 '분서갱유'라는 결단을 내렸소. 국가 통치를 흔드는 책은 불태우고, 백성을 선동하던 유가 학자들을 제거한 것이오. 오늘날 많은 이가 이 문제를 비판하지만, 혼란한 나라를 다스리기 위해선 단호한 조치가 필요하다고 생각했다오. 그들의 말대로 했다면 중국은 다시 분열기로 돌아가지 않았을까? 짐은 질서를 세우려 했고, 그 질서가 누군가에겐 두려운 법이 되었던 것이오.

짐은 또한 통일 정책을 완성하기 위해서 나의 권한을 키울 필요가 있었소. 그래서 아방궁과 짐의 능묘 등 수많은 토목 공사를 지시한 건 사실이오. 이 과정에서 백성들은 큰 고통을 겪었지. 하지만 만리장성의 경우는 목적이 분명했소. 당시 중국 북쪽에는 흉노족이 살고 있었는데 그들이 살던 땅은 농사를 짓기 어려운 척박한 곳이었지. 그래서 추수할 때만 되면 호시탐탐 약탈할 기회만 노렸소. 말을 타고 전쟁하던 그들을 막기에는 아직 중국의 군사력이 강하지 않았기에 짐은 장군 몽염을 시켜 흉노족을 토벌하게 한 후 거대한 장벽을 지어 방비한 것이오. 또한 짐이 만든 도로는 교통망으로 기능하여 수도인 함양을 중심으로 전국을 하나로 묶어주는 데 큰 도움이 되었소. 이는 나라의 효율적인 통치를 위해 꼭 필요한 작업이었소.

짐이 이룬 통일과 제도 개혁이 없었다면, 중국은 다시 혼란과 전쟁에 빠졌을 것이오. 어느 정도 중국을 하나의 나라로 만들고, 시간이 흘러 40대가 되니 내 몸이 예전 같지 않았소. 짐은 늙지도, 죽지도 않고 오래오래 살아서 진나라를 강대국으로 키우고 싶었소. 그래서 신선의 술법을 안다는 사람들을 불러 죽지 않는 불사의 약을 찾게 했고, 불로초를 구해오도록 하였소. 하지만 죽지 않는 약은 구할 수 없었고, 짐은 죽음에 이르렀소. 결국 생을 마치고 짐의 몸은 세계 최대 규모의 '병마용 군단'과 함께 묻혔소. 병마용은 사후에 짐을 지켜줄 흙으로 만든 병사와 말 인형이오. 이런 짐의 모습이 어떤 이에게는 오만하게 보일 수도 있을 것이오. 하지만 짐은 직접 만든 천하를 오래 지속시키고 싶었고, 죽음조차 다스릴 수 있기를 바랐던 것이오.

지금까지 진시황의 의견을 들어보았습니다. 'China'라는 중국 명칭은 진(Chin)에서 유래했다고 하죠. 이렇게 분열된 나라를 합쳐 중국을 하나의 역사 공동체로 만들었다는 점에서 진시황의 업적은 의미가 크다고 할 수 있습니다. 그의 말에 따르면 우리는 진시황을 법과 질서를 세운 개혁 군주로 볼 수 있습니다. 문자와 도량형, 화폐 통일은 지금까지도 중국 역사에 큰 영향을 끼쳤고, 통일 제국의 기초를 닦은 위대한 전략가로 기억될 만합니다. 하지만, 반대 의견에 대한 잔혹한 탄압, 백성을 혹사한 대규모 공사, 지나치게 강압적인 법가 정치로 인해 폭군으로 평가되기도 합니다. 여러분의 생각은 어떤가요? 진시황은 '통일의 군주'일까요? 아니면 '공포정치의 상징'일까요? 더 나아가, 진시황처럼 국가가 사상과 학문에 개입하면 어떤 문제가 생길 것 같은지 한번 생각해봅시다!

삼국사기를 지은 김부식

그는 정말 사대주의자일까?

" 역사 인물은 하나의 정체성으로 규정할 수 없습니다.
내 안에도 수많은 모습이 섞여 있는 것처럼요. 이처럼 다양한 측면에서 살필 수 있는데 하나의 이미지로 굳혀진 인물을 골랐습니다. 먼저 보수주의자로 각인된 김부식입니다."_김정모

여러분, 『삼국사기』가 어떤 책인지 아시나요? 『삼국사기』는 고려 인종 때 김부식(1075~1151)이 편찬한 것으로 한국에 남아 있는 가장 오래된 역사책입니다. 고구려, 백제, 신라의 역사를 인물에 따라 정리한 이 책은 유교적 사관에 따라 기록되었어요. 그래서 김부식은 종종 '사대주의자'로 비판받기도 합니다. 중국 중심의 국제 질서를 긍정하고, 신라만을 지나치게 높이며, 유교 윤리를 강하게 반영했다는 이유로요. 특히 묘청의 서경 천도 운동을 진압한 인물로, 자주적인 민족정신을 억압한 사람이라고 소개되기도 합니다. 정말로 그는 고려의 자주성을 포기한 사람이었을까요? 김부식 본인의 목소리를 들어보겠습니다.

안녕하십니까. 저는 고려 인종 대에 『삼국사기』를 편찬한 김부식입니다. 사람들은 저를 사대주의자라고 말합니다. 어떤 이는 제가 중국 중심의 세계관에 따라 우리 역사를 왜곡했다고까지 주장합니다. 그리고 제가 묘청의 서경 천도 운동을 진압한 것을 두고는 자주적인 민족 세력을 탄압한 인물이라고도 말합니다.

하지만 저는 그렇게 생각하지 않습니다. 저는 고려가 무너지지 않도록 질서와 안정을 유지하는 것이 가장 중요하다고 보았습니다. 묘청은 서경으로 수도를 옮기려 하고, 금나라를 정벌하며, 독자적인 연호를 쓰고, 불교와 풍수지리 사상을 앞세워 개경의 질서를 뒤흔들고자 했습니다. 이는 겉보기엔 자주적인 주장이었지만, 실상은 무리한 급진적인 주장이었습니다. 고려는 이미 이자겸의 난으로 불안정했기에 중앙집권 체제가 무너지는 순간 나라 전체가 위험해질 수 있었으니까요.

저는 그 운동이 자주성을 위한 투쟁이 아니라, 서경 세력의 무리한 권력 강화와 정치적 모험이라고 판단했습니다. 고려를 금방이라도 위협할 수 있는 금나라와의 외교를 파기하고 전쟁하겠다는 주장은 나라를 먼저 생각하는 저로서는 도저히 받아들일 수 없었어요. 실제로 금나라는 송의 수도를 점령하고 북송의 황제 휘종과 흠종을 포로로 붙잡을 정도로 강했습니다. 그런 나라를 상대로 적대적인 뜻을 보이는 것은 고려를 위태롭게 할 게 뻔한 것 아니겠습니까? 또한 묘청은 서경 천도 과정에서 궁궐을 축조하여 백성들의 고혈을 짰습니다. 금과 전쟁을 벌였다면 또 얼마나 많은 백성이 죽임을 당했겠습니까?

물론 저는 유학자로서 유교 질서를 중시했습니다. 그러나 그것이 단순히 중국을 숭배했기 때문은 아닙니다. 혼란한 시대를 안정시키는 게 최우선이었고, 개혁보다 먼저 유지해야 할 것이 있다고 보았기 때문이죠. 저는 당시 상황에서 중앙의 질서를 지키는 것이 곧 고려를 지키는 길이라고 믿었습니다.

많은 이들이 『**삼국사기**』의 내용이 신라 위주의 사대주의적 서술이라고 하더군요. 물론 저는 『삼국사기』를 신라 중심으로 서술했습니다. 하지만 이는 고구려나 백제를 배제하기 위한 것이 아니었어요. 당시 고려가 삼국을 통일한 신라의 법통을 이어받았다는, 즉 국가적 정통성을 강조하려는 의도에서 그리 한 것이었습니다. 사람들이 간과하는 사실이 하나 더 있습니다. 『삼국사기』가 사마천의 사기 형식을 취했다는 점만 보면 중국 정사처럼 보일 수 있습니다. 하지만 저는 고구려, 백제, 신라 모두를 '본기'에 넣었습니다. 사마천이 구성한 기전체에 따르면 본기에는 황제의 기록만 담을 수 있습니다. 이는 세상의 중심이 되는 국가 지도자에만 해당되지요. 저는 고구려, 백제, 신라 모두를 세상의 중심으로, 중국에 종속하지 않은 고유한 나라로 보았습니다.

또한 삼국의 고유한 칭호와 연호 체계를 존중했습니다. 중국의 연호를 쓰지 않고 즉위년을 기준으로 연대를 표시했습니다. 이는 삼국을 하나의 독립된 나라로 인정했다는 증거입니다. 제가 조사해 보니 고대 신라는 중국에서 사용하는 '왕' 호칭 대신에 고유한 칭호를 사용했습니다. 거서간, 차차웅, 이사금, 마립간 등이 그것입니다. 신라에서 근친혼이 성행한 것을 두고 우리나라의 풍습이기에 중국의 예법으로 이를 꾸짖는 것은 바람직하지 않다는 얘기도 했습니다. 이러한 점을 볼 때, 제 역사 서술은 꽤 자주적이었다고 볼 수 있을 것입니다.

사람들은 저를 사대주의자라고 비판하지만, 저는 중국의 형식을 빌려 고려의 정신을 담은 사람입니다. 겉으로 보기엔 순응처럼 보이더라도, 속에는 자주와 정통에 대한 의지를 담고자 했습니다. 오늘날 한국은 K-pop으로 전 세계에 큰 영향력을 행사하고 있다고 하더군요. 그런데 K-pop이 한국 고유의 국악 형식인가요? 미국의 팝 음악을 형식으로 하되, 한국만의 가사와 감정을 실은 가수들의 노래가 K-pop이지 않습니까? 이처럼 『삼국사기』도 당시 가장 선진적인 역사 서술 방식인 중국의 기전체를 따온 것뿐이지, 내용은 자주적이라고 생각합니다.

김부식의 이야기를 들어보니, 그가 단순한 유교적 보수주의자가 아니라 시대의 혼란 속에서 질서를 지키려 했던 현실주의자인 것 같습니다. 묘청의 난을 진압한 것도 단지 자주 사상을 억누르기 위해서가 아니라, 당장의 국가 붕괴를 막기 위해 불가피한 선택이었다고 할 수 있고요. 『삼국사기』에 나타난 고구려, 백제, 신라를 독립된 국가로 본 기술 방식, 동성혼 기록의 수용, 즉위년과 고유 왕호의 사용 등은 오히려 그가 사대적 틀을 넘어 우리 역사에 대한 자긍심을 담으려 했던 노력의 흔적입니다. 여러분의 생각은 어떻습니까? 김부식은 사대주의자일까요? 아니면 당대의 한계 속에서도 자주성과 질서를 지키기 위해 고심했던 실천적 역사가일까요? 역사가의 선택은 시대의 거울이 됩니다. 우리는 그 거울 속에서 어떤 시선을 배워야 할까요?

수원 화성 건설의 주역 정약용

—

그는 정말 평등한 세상을 꿈꿨을까?

"정약용에게 정체성을 묻는다면 당연히 성리학자라고 할 것입니다. 실학은 조선 후기 사상의 발전을 강조하려 후대에 붙인 개념이기 때문이지요. 이제 실학의 안경을 벗고 성리학자 정약용을 마주할 때입니다."_김정모

여러분, 정약용(1762~1836)이라는 이름, 들어본 적 있지요? 보통 '다산 정약용'이라는 이름으로 더 익숙할 겁니다. 조선 후기 실학자이자 개혁가로, 수원 화성 설계, 거중기 제작, 『목민심서』, 『흠흠신서』 같은 책의 저자로 유명하지요. 시험 문제에도 자주 등장합니다. "조선 후기 실학자 정약용은 사회 개혁을 주장하였으며, 실용적인 학문을 중시하였다"와 같은 식으로요.

그런데 과연 정약용은 정말 '새로운 사상을 내세운 실학자', '사람들의 평등을 강조한 착한 개혁가'였을까요? 그가 태어난 시대와 마주한 현실, 그리고 유배지에서 겪은 고통까지 생각하면 조금 다르게 보일지도 모릅니다. 오늘은 정약용 본인의 입을 빌려, 우리가 잘 몰랐던 그의 이야기를 들어보겠습니다.

안녕하십니까, 저는 정약용입니다. 후대 역사학자들은 저를 실학자라고 부르더군요. **유형원**, **이익**과 함께 **중농학파**로 묶여서 교과서에 등장한다는 이야기도 들었습니다. 맞습니다. 저는 백성들이 편하게 살 수 있는 나라를 만들고 싶었습니다. 하지만 저는 성리학자입니다. 제가 낸 개혁안도 전에 없던 새로운 것이 아니라 기존에 있던 유학에서 영감을 받은 것이었습니다.

요즘 사람들은 건물을 구매하여 자산을 늘린다고 하던데, 제가 살던 조선시대에서는 제일가는 부의 척도가 토지였습니다. 조선 전기만 하더라도 사람들은 노비를 시켜 황무지를 개간하여 새로운 토지를 확보할 수 있었지만, 17세기 후반에 이르러 이미 많은 토지가 개간되는 바람에 토지 가격은 자꾸 올랐지요. 아무래도 황무지보다 개발된 토지의 가치가 더 높았기 때문이겠죠? 그러자 사람들은 돈이 생기면 일단 토지에 투자하려고 했습니다. 지금 부자들이 건물주가 되는 현상과 비슷한 것이죠.

하지만 이러한 상황에서 땅을 넓히고, 부를 축적하는 사람들은 극소수였습니다. 대다수 농민에겐 보유한 토지가 없었죠. 그래서 땅 주인을 위해 일하면서도 많은 세금과 소작료에 허덕여 고된 삶을 살아야 했습니다. 저는 이러한 사회 현실을 보고 토지 재분배가 필요하다고 생각했습니다. 여러분이 살아가는 대한민국도 빈부격차 문제가 심각하다고 들었습니다. 제가 살던 시대도 토지를 보유한 자는 점점 더 땅을 넓히고, 농민은 소작료를 해결하지 못해 도적이 되거나 노비가 되었습니다. 문제는 이럴 때 국가로 들어오는 세금이 줄어든다는 점이었죠. 세금을 내는 농민의 수가 줄고, 세금을 내지 않는 노비는 늘기 때문입니다. 세금이 줄면 백성을 위한 정책을 세우기 힘들어지겠죠. 이런 식으로 가다가는 국가가 무너질지도 모른다는 위기감이 들었습니다.

그래서 저는 '여전제'와 '정전제'라는 토지 개혁론을 폈습니다.

여전제는 모든 토지를 국가가 소유하고, 농민이 공동체 단위로 토지를 경작하여 수확물을 노동량에 따라 나누는 제도입니다. 생산은 함께하고, 분배는 개인별로 나누는 방식이지요. 정전제는 우물 정(井)처럼 9개의 구역으로 토지를 나눠, 가운데 한 구획은 공동 경작지로 세금을 내는 데 쓰고, 나머지 8개 구역을 농민이 나눠 개인적으로 경작하도록 하는 제도입니다. 둘 다 중농주의 실학이라면서 띄워준 것은 고맙지만, 여러분이 간과한 점이 있습니다.

우선 두 제도는 유학에 기반하여 떠올린 아이디어입니다. 정전제는 고대 주나라 때 시행되었다고 하는 이상적인 토지 제도였고, 여전제 역시 농민이 자신의 경작지를 보유해야 한다는 경자유전 원칙의 유교적 이상에서 따온 것입니다. 또한 안타깝지만, 저의 개혁은 조정에서 빛을 보지 못했습니다. 부패한 관리들, 백성의 고통에 무감한 권력자들, 그리고 변화를 두려워하는 조정 분위기 때문이었죠. 따라서 제가 시도한 개혁을 너무 추켜세우기보다는 당시의 사회 문제를 섬세하게 파악하고 나름의 대안을 제시하려 했다는 정도로만 평가해주면 고맙겠습니다.

또 저를 굉장한 능력자, 평등을 강조한 사상가로 생각하는 사람도 있는 것 같습니다. 저는 『경세유표』, 『흠흠신서』, 『목민심서』 같은 수많은 책을 집필하고, 거중기와 수원 화성 공사를 통해 직접 실용적인 지식이 어떻게 사회를 바꿀 수 있는지 보여주기도 했습니다. 하지만 제가 평등을 강조했다는 건 조금 이해하기 어렵습니다. 저는 성리학 사상이 옳다고 믿어 노비 해방에 반대한

적도 있거든요.

성리학의 주요 경전인 사서오경 중 『주역』에 이런 말이 나옵니다. "상하를 분별하여 백성들의 뜻을 안정시킨다." 저는 이 말을 가슴 깊이 새겨 등급을 구분하는 것은 중요하다고 보았습니다. 세상을 안정시키는 데는 등급을 나누는 것이 효과적이라고 생각했거든요. 그런데 조선 후기에 이르러 윗사람들은 쇠퇴하고, 아랫사람은 의복과 음식에 사치를 부리는 일이 벌어졌습니다. 이 상황에서 순조께서 국가에 소속된 공노비를 해방하겠다고 해서 제가 이에 반대하는 글을 쓴 적이 있습니다. 국왕부터 신하, 백성들이 각자 자리에서 자신의 일을 잘 수행하는 것이 조선을 더 나아지게 하는 길이라 여겼기 때문이죠. 이러한 제게 평등주의자라는 평을 내리는 것 역시 사실에 맞지 않은 것 같습니다.

저는 백성을 사랑했지만, 모든 인간이 동등한 존재라고 보지는 않았습니다. 저는 조선을 바꾸고 싶었지만, 조선을 무너뜨리고 싶진 않았습니다. 그래서 저는 체제를 부정하기보다 그 안에서 고쳐 쓰려고 했습니다. 저는 유학자였습니다. 그렇기에 유교의 이상이 현실에서 어떻게 작동할 수 있을지를 고민했습니다. 저를 너무 신격화하기보다는 현실에서 좀 더 나아갈 수 있는 방법을 고민한 사상가로 떠올려주면 좋을 것 같습니다. 그래야 현대 한국이 처한 문제의 해결 방안도 현실적으로 고민할 수 있지 않을까요?

정약용의 말을 들어보니, 그를 단순히 실학자로만 보기는 어려울 것 같습니다. 실용적인 지식뿐 아니라, 현실 속 고통과 신념의 균형을 고민한 사람이 바로 정약용이었습니다. 그는 완전히 새로운 사상을 만든 것이 아니라 기존의 성리학과 유학을 토대로 당시 사회 문제를 해결할 방법을 고민했지요. 여러분은 어떻게 생각하나요? 정약용은 성리학적 가치를 잘 지키려고 한 성리학자일까요? 아니면 성리학을 바탕으로 새로운 이야기를 한 개혁가일까요? 조선시대의 성리학처럼, 오늘날 우리가 당연하다고 믿는 사상이나 신념은 없을까요? 이를 통해 어떻게 변화를 만들어가야 할까요?

신항로를 개척한 콜럼버스

—

용감한 탐험가인가? 잔혹한 파괴자인가?

"미국에서는 콜럼버스가 아메리카에 도착한 날을 기념하고 있습니다. 하지만 어떤 주에서는 원주민의 날로 바꿔 기념하기도 합니다. 콜럼버스의 날을 두고 현재도 논쟁이 계속되고 있지요. 콜럼버스는 자신의 평가에 대해서 어떤 말을 할지 궁금했습니다."_이재호

여러분은 '크리스토퍼 콜럼버스(1451~1506)'라는 이름을 들으면 어떤 이미지가 떠오르나요? 대양을 건너 미지의 신대륙을 발견한 대항해 시대의 개척자? 아니면 수많은 원주민의 삶을 파괴한 침략자? 오늘은 바로 그 콜럼버스가 직접 자기 삶을 돌아본 이야기를 들어보려고 합니다. 콜럼버스는 어떤 사람이었을까요, 과연 그의 항해는 세계 역사에 어떤 의미를 남겼을까요?

반갑네, 나는 크리스토퍼 콜럼버스. 이탈리아 제노바에서 태어난 항해자라네. 1492년, 대서양을 건너 신대륙에 도달한 자로 자네들은 기억할 걸세. 사람들은 흔히 "아메리카를 발견한 사람"이라고 나를 부르지만, 엄밀히 말하면 그 땅에는 이미 수천 년 동안 살아온 원주민들이 있었네. 나는 그 땅을 '인디아스', 즉 인도 근처의 섬들이라 착각했지. 그래도 나의 항해는 세상의 지도를 완전히 바꾸어놓았어.

내가 살던 15세기 말은 '대항해 시대'라고 불리는 시기였네. 유럽인들은 아시아와 무역을 하기 위해 새로운 항로를 찾고 있었지. 동방으로 가는 육로는 오스만 튀르크라는 강력한 이슬람 제국이 장악하고 있었기에 동방으로 가는 바닷길이 절실했다네. 따라서 포르투갈은 일찍부터 아프리카를 돌아 인도로 가는 항로를 탐색하고 있었고, 나는 이와는 다른 방향에 새로운 길이 있다고 믿었지. 나는 아시아가 생각보다 가까이 있다고 확신했고, 서쪽 바다로 배를 몰아가면 동쪽 끝에 다다를 수 있을 것이라 생각했네.

많은 사람이 나의 계획을 비웃었지. "서쪽 바다를 넘어 동쪽으로 가겠다니 말도 안 된다!"고들 말했네. 하지만 나는 믿었네. 지도와 고서, **마르코 폴로**의 여행기를 바탕으로 나는 지구가 둥글다고 확신했지. 그렇게 나는 내 생각을 실현하기 위해 유럽의 왕들을 찾아다녔고, 결국 스페인의 이사벨 여왕 앞에서 나의 계획을 발표할 수 있었어. 그녀는 나를 믿고 자신이 아끼던 보석까지 팔아 배 세 척을 내어주었네. 산타마리아, 니냐, 그리고 핀타라는 이름의 배였지.

1492년 8월, 드디어 우리는 역사에 남을 항해를 시작했네. 광활한 대서양을 건넌다는 건 결코 쉬운 일이 아니었지. 바다가 끝도 없이 펼쳐지는 동안 선원들은 불안에 떨기 시작했고, "우리는 돌아가지 못할 거야"라며 불평을 쏟아내더군. 누구도 경험하지 못한 항해였으니 그럴 만도 했지. 그러나 나는 흔들리지 않았어. 왜냐고? 나는 신념이 있었으니까. 두 달이 넘는 항해 끝에 드디어 누군가가 외쳤어. "땅이다!" 그래, 우리는 드디어 도착했네. 오늘날의 바하마 제도, 그곳이 우리가 처음 도착한 땅이었지.

나는 그곳을 인도의 일부라고 확신했네. 그리고 그 섬에 살고 있던 사람들을 인도 사람이라는 뜻으로 '인디언'이라고 불렀지. 지금 생각하면 내가 크게 착각한 것이었네만, 당시에는 옳다고 믿었네. 그들은 매우 친절하고 순수해 보였지만, 우리를 경계했어. 솔직히 나는 그들을 보고 처음에는 이렇게 생각했지. "이들은 서양식 무기를 쓸 줄 모르고, 금과 보석이 어디 있는지도 모른다. 우리가 이들을 잘 다룬다면 많은 것을 얻을 수 있겠군."

이 부분에서 자네들은 불편함을 느낄걸세. "그건 침략이잖아"라고 말이야. 하지만 나는 '그 시절의 유럽인'으로서 생각할 수밖에 없었다네. 나의 목표는 단순히 땅을 찾는 것이 아니라, 부를 얻고, 스페인의 영토를 넓히고, 기독교를 전파하는 일이었지. 당시 유럽에서는 '국왕과 교회에 충성하며 새로운 땅을 늘리는 것'을 영광스럽게 여겼거든. 나라를 위해서 큰일을 하고 싶었던 거라면 좀 더 쉽게 이해하겠지? 실제로 내 항해는 스페인의 부와 영토를 늘리고 명예를 크게 드높였네. 나는 총독이라는 직함을 받아 새로 발견한 땅의 관리자가 되었네. 원주민에게 세례를 주어 기독교를 퍼뜨리는 성스러운 임무도 열심히 수행했지.

나는 총 네 차례 항해를 떠났네. 두 번째 항해에서는 17척의 배와 수천 명의 인원을 이끌고 다시 신대륙을 찾았지. 하지만 그 이후의 항해는 처음만큼 순탄치 않았네. 현지 원주민들과의 갈등으로 식민지 내에서 폭력 사건이 자주 발생했고, 스페인 내부의 정치 싸움이 나의 발목을 잡았지. 정말 많은 일이 나를 흔들기 시작했어. 그러나 나는 이 모든 문제를 남의 탓으로만 돌릴 수 없었지.

나의 오만과 독선 때문에 이미 적이 많아진 터였고, 나의 식민지 통치 방식 역시 많은 비판을 받았네. 나는 질서를 잡기 위해 때로는 고문과 같은 매우 잔혹한 수단을 썼고, 금을 찾기 위해 원주민들에게 강제 노동을 시켰거든. 원주민을 노예처럼 부리고 학대했다는 비판은 나도 잘 알고 있네. 내가 살아있던 당대에도 "콜럼버스는 탐험가가 아니라 학살자였다"는 평가까지 얻었으니 말이야. 하지만 나는 식민지에서 성과 내기에 혈안이 되어서 다른 비판에는 눈을 질끈 감아버렸다네. 당시 유럽인들은 원주민이나 아프리카 사람들을 야만인으로 보았고, 따라서 그들을 노예로 부리는 걸 당연시했거든. 나만 그리했던 게 아니라는 변명이겠지만.

자네들에게 묻고 싶네. 당시의 유럽 국가들이 아시아와의 무역을 위해 수단과 방법을 가리지 않던 그 시대, 내가 정말 예외적인 인물이었을까? 나는 그 시대의 대표적인 모험가였고, 내가 하지 않았더라도 누군가는 했을 일이야. 나의 항해가 수많은 이들에게 새로운 가능성과 공포를 동시에 안겨주었음을 나는 알고 있네. 하지만 나는 그저 나의 사명을 다했을 뿐이라네.

마지막에는 어떻게 되었냐고? 나는 충실한 후원자였던 이사벨 1세가 죽고 나서 가난 속에서 쓸쓸한 최후를 맞이했네. 죽을 때 나의 직책조차 아들에게 물려주지 못했지. 그러나 나의 항해는 '콜럼버스의 교환(Columbian Exchange)'이라는 거대한 변화를 일으켰네. 유럽과 아메리카가 처음으로 본격적으로 연결되면서 음식, 동물, 질병, 문화가 서로 오고 가게 되었지. 감자, 옥수수, 담배, 말,

천연두 같은 것들이 서로의 대륙을 오갔고, 세계는 완전히 다른 모습으로 바뀌었네.

어떤 이들은 내가 아니라도 누군가가 신항로를 개척했을 것이라고 하지. 하지만 나는 내가 이룬 발견과 개척이 없었다면, 인류는 여전히 고립된 채 새로운 가능성을 알지 못했을 것이라고 믿고 싶네. 비록 그 과정에 아픈 역사가 있었지만, 나의 항해는 전 세계를 연결하고 인류의 지평을 넓히는 데 결정적인 역할을 했다고 생각하네. 나는 죽음을 맞이했지만, 나의 유산은 좋은 쪽으로도 나쁜 쪽으로도 여전히 인류의 역사를 관통하고 있지. 그렇지 않은가?

지금까지 크리스토퍼 콜럼버스의 목소리를 통해 그의 시대와 선택을 직접 들어보았습니다. 그의 말처럼 당시 유럽의 상황과 그의 강한 신념, 그리고 새로운 세계에 대한 열망이 그를 미지의 바다로 이끌었을 것입니다. 콜럼버스의 항해는 유럽인들에게 새로운 시대를 열어주었고, 세계사의 중요한 전환점이 되었다는 점에서 그의 업적은 분명 의미가 크다고 할 수 있습니다. 그러나 동시에, 그가 도착한 신대륙의 원주민들이 겪어야 했던 고통과 희생은 결코 잊어서는 안 될 아픈 역사입니다. 유럽 중심적인 시각에서 '발견'이라는 단어 역시 원주민들에게는 '침략'으로 다가왔다는 점을 기억해야 합니다.

우리는 콜럼버스를 불굴의 의지로 미지의 세계를 개척한 용감한 탐험가로 기억해야 할까요, 아니면 탐욕에 물들어 타인의 문명을 파괴한 잔혹한 침략자로 평가해야 할까요? 위대한 업적 뒤에 숨겨진 어두운 역사를 우리는 어떻게 바라봐야 할지, 그리고 오늘날에도 여전히 존재하는 다양한 문화와 민족 간의 갈등을 어떻게 이해해야 할지, 여러분도 진지하게 고민해보면 좋겠습니다.

프랑스 황제가 된 나폴레옹

—

영웅인가, 독재자인가?

"나폴레옹은 프랑스 혁명의 수호자이면서 황제로 즉위했습니다.
이 모순적인 상황을 어떻게 바라봐야 할까요?
그의 일생을 통해 영웅과 독재자의 경계를 분명히
긋는 것이 가능할지 생각해봅니다."_이재호

여러분, 나폴레옹 보나파르트(1769~1821)라는 이름을 들어보셨죠? 그는 프랑스 혁명 이후 혼란을 수습하고 '황제'의 자리에 올라 유럽 전역을 석권하며 프랑스의 영광을 드높였지만, 동시에 수많은 전쟁으로 유럽에 피를 뿌리고 자유를 억압한 독재자라는 상반된 평가를 받는 인물입니다. 과연 그는 위기에 처한 '프랑스의 구원자'였을까요, 아니면 권력을 잡고 싶었던 폭군이었을까요? 나폴레옹 본인은 어떻게 생각하는지 그의 이야기를 직접 들어봅시다.

많은 사람이 나를 이렇게 기억하지. "전쟁의 천재" 혹은 "프랑스를 뒤흔든 독재자"라고 말이네. 하지만 그런 수식어에 가둬두기엔 내 삶이 그리 단순하지 않았다네. 오늘 이 자리에서, 내가 직접 나의 인생과 내가 직면했던 수많은 선택의 순간에 대해 속마음을 들려주고 싶네. 코르시카섬 출신의 키 작은 사내가 어떻게 유럽을 정복할 뻔했는지 궁금하지 않나?

나는 1769년, 코르시카섬에서 태어났네. 이 섬은 원래 이탈리아의 영향권에 있었지만, 내가 태어나기 1년 전부터는 프랑스령이었다네. 어려서부터 나는 책을 파고들었는데, 그중 특히 전쟁과 역사에 관심이 많았지. 그래서 프랑스 육군사관학교에 들어갔고, 16살에 군인으로서 경력을 시작했네.

내가 스무 살 때 엄청난 사건이 터졌네. 프랑스 혁명으로 왕을 죽이고 새로운 시대가 열린 거야. 혼란과 피로 가득한 시대였지. 혁명의 열기가 어찌나 거셌는지 모든 사람이 광기에 휘몰렸다네. 특히 로베스 피에르가 주도한 공포정치 때는 혁명재판소를 설치하여 반대파를 무자비하게 처벌하고 어제의 친구가 적이 되어 서로 죽이는 일도 일상이 되었다네. 주변의 다른 유럽 강대국들은 프랑스 혁명이 자기 나라에 영향을 미칠까 봐 두려워했지. 오스트리아와 프로이센 등이 연합하여 우리 프랑스를 침략하기도 했어. 나는 이대로 가다가는 프랑스가 안팎으로 무너질 것이라는 위기감을 느꼈네.

날이 갈수록 혁명으로 인한 혼란은 가중되었지만, 이는 오히려 나 같은 젊은 장교에게는 기회였지. 나는 혁명 정부를 위해 싸우며 빠르게 승진했네. 혁명을 반대하는 귀족 세력들과 시위대를 강경하게 진압했고 오스트리아의 세력을 약화시키기 위한 이탈리아 원정의 사령관으로 임명되었지. 1796년 이탈리아 원정에서 얻어낸 승리는 프랑스의 국민에게 자부심을 드높여주었다네. 나는 병사들과 함께 먹고 자며, 언제나 앞장서서 전투를 이끌었지. 그덕에 병사들은 나를 따랐고, 나는 그들의 목소리에 귀를 기울였네.

백성들은 나를 영웅으로 받들고 환호했지. 결국 나는 1799년,

나를 따르는 군대를 이용해서 정부를 뒤엎는 쿠데타를 일으켰네. 모두가 혁명에 지친 상태였고, 지도자들은 부패했으며, 백성은 간절하게 안정을 원하던 상황이었기에 나는 나라를 위해 결단을 내려야 했어. 우선 기존의 총재정부가 여러 명이 권력을 나누며 혼란이 생겼다고 보고 권력을 집중시키기 위해 '통령 정부'를 만들었다네. 이 정부엔 세 명의 통령이 있었지만 실제로는 내가 제1통령으로 사실상 프랑스를 다스리기 시작했지. 이때 나는 중요한 결정을 내렸네. "법과 제도부터 바로 세워야 한다." 그래서 나는 프랑스 혁명의 정신을 담은 『나폴레옹 법전』을 만들었어.

이 법전은 복잡하고 제멋대로였던 혁명 이후의 법을 하나로 정리한 것이었네. 개인의 자유, 재산권, 계약의 중요성 등을 명확히 하고, 모든 국민이 법 앞에 평등하다는 말이 상식이 되는 데 기여했지. 지금도 많은 나라에서 나의 법전을 참고하고 있다네. 나의 권력 유지를 위해서 법을 만든 게 아니라 시민 사회를 위한 질서를 만들어낸 거지.

또한, 나는 행정 제도를 고치고, 교육 제도도 잘 정비해서 유능한 인재들을 키우는 데 힘썼네. 프랑스 은행을 세워서 경제를 안정시키고, 능력 있는 사람이라면 누구든지 관리가 될 수 있도록 했지. 이런 개혁들은 프랑스를 근대 국가로 발전시키는 데 결정적인 역할을 했다고 생각하네. 이런 개혁이 없었다면 프랑스가 다시 혼란에 빠졌을지도 모르네. 자네 생각은 어떤가?

1804년, 나는 스스로 황제가 되었네. 많은 이들이 "혁명으로 왕을 몰아냈는데 어찌 다시 황제를 세운단 말인가?"라고 비난했지. 베토벤은 나에게 바치려고 작곡했던 교향곡을 찢어버렸다는 소문도 있더군. 하지만 나는 생각했네. "혁명은 혼란을 낳았고, 이제는 강력한 질서가 필요하다." 나는 스스로 왕관을 들어 내 머리에 씌웠지. 교황이 아닌 내가 직접 말일세. 권력은 하늘이 아닌, 나 스스로의 능력에서 나오는 것이라고 생각했거든. 내가 황제로 즉위하는 일에 대해 국민 투표도 했는데, 결과는 당연히 압도적인 찬성이었지.

나는 프랑스 혁명의 이상이 프랑스 안에서만 머물러서는 안 된다고 생각했네. 유럽의 다른 나라들은 여전히 왕이나 귀족의 지배를 받고 있었기에 나는 그들에게도 자유와 평등이라는 혁명의 이상을 전해줘야 한다고 생각했네. 황제가 된 나는 유럽 전역을 무대로 전쟁을 확장했네. 나폴레옹 전쟁이라 불리는 이 일련의 전쟁은 사실 프랑스를 막으려는 유럽 왕국들과의 충돌이었지. 오스트리아, 프로이센, 러시아, 영국… 모두 나를 두려워하고, 나를 막기 위해 연합했네. 하지만 나는 언제나 빠르게 움직이고, 적의 허점을 찌르는 전략으로 수많은 승리를 거두었지. 아우스터리츠 전투(1805)에서는 두 배나 많은 적을 무찌르며 전설이 되었고, 결국 유럽 전역이 내 앞에 무릎을 꿇었네.

그러나 모든 정복자에게는 한계가 오기 마련이야. 나의 실수는 러시아였다네. 1812년의 러시아 원정은 그야말로 돌이킬 수 없는 나쁜 선택이었지. 나는 대군을 이끌고 모스크바까지 갔지만, 러시아는 이미 도시를 불태우고 퇴각한 뒤였네. 엄청난 추위와 굶주림 속에 수십만 명의 병사가 죽었지. 이때부터 나의 몰락이 시작되었네. 기회만 있다면 이전으로 돌아가고 싶을 정도라네.

영국·러시아·오스트리아·프로이센 등이 힘을 모아 만든 수십만 명에 이르는 연합군은 나를 몰아냈고, 나는 엘바섬에 유배되었지. 하지만 거기서 끝낸다면 나폴레옹이 아니지. 니는 다시 프랑스로 돌아와 단 100일 만에 다시 권좌에 올랐네. 백성이 나를 환영했고, 군대는 다시 나를 따랐지. 하지만 1815년 워털루 전투에서 나는 결국 패배했고, 이번엔 세인트헬레나섬, 대서양 한가운데 아무도 오지 않는 외딴섬으로 보내졌네. 그리고 거기서 생을 마감하게 되었지.

많은 이들이 나를 두고 논쟁을 벌이곤 한다네. "독재자냐, 영웅이냐?"라면서. 하지만 나는 말하겠네. 나는 프랑스 혁명의 아들이었고, 혼란 속에서 질서를 만들고자 했던 사람이었네. 귀족이 아닌 능력으로 승진하는 사회를 만들고자 했고, 법과 제도를 정비했으며, 프랑스를 세계의 중심으로 만들고자 했지.

내가 일으킨 전쟁과 제도 개혁이 없었다면, 프랑스는 다시 혼란의 소용돌이로 돌아갔을 테고, 혁명의 정신은 전 세계로 퍼지지 못했을 것으로 생각한다네. 비록 전쟁으로 많은 희생이 있었지만, 『나폴레옹 법전』은 유럽 전역에 자유와 평등이라는 이상을 실제 현실로 만들었지. 이는 오늘날 유럽을 넘어 세계의 민주주의 발전에 크게 기여하고 미래에도 계속 영향을 끼칠 것이라고 믿고 있네. 이 정도라면 나에 대해서 다시 한번 생각해볼 수 있지 않겠는가? 자네는 어떻게 생각하나?

지금까지 나폴레옹의 목소리를 통해 그의 시대와 선택을 직접 들어보았습니다. 나폴레옹이 혁명으로 혼란스러웠던 프랑스를 안정시키고 근대 국가의 기틀을 다졌다는 점에서 그의 업적은 분명 의미가 크다고 할 수 있습니다. 그의 말처럼 당시 프랑스의 상황과 그가 이루려 했던 이상이 그의 선택에 큰 영향을 주었을 것입니다. 그러나 동시에, 유럽 전역을 전쟁의 소용돌이로 몰아넣고 수많은 사람의 목숨을 앗아간 결과는 절대 간과할 수만은 없죠. 자유와 평등이라는 혁명의 이상이 그의 손에서 독재와 정복 전쟁으로 변질했다는 비판 또한 피하기 어렵고요.

그렇다면 우리는 나폴레옹을 혁명의 이상을 실현하려 했던 영웅으로 기억해야 할까요, 아니면 자신의 권력을 위해 자유를 억압하고 전쟁을 일으킨 독재자로 평가해야 할까요? 그의 통치 방식과 전쟁이 유럽 사회에 미친 영향은 무엇이었으며, 과연 그 시대에 프랑스가 나아갈 수 있었던 가장 현명한 길은 무엇이었을까요? 여러분은 어떻게 생각하나요?

미국 제16대 대통령 링컨

—

그는 정말 노예 해방론자인가?

"링컨은 노예 해방이라는 결과만 강조되어 배경과 목적이 가려진 친숙하면서도 낯선 위인입니다. 이번 글을 통해 그의 실제 행보를 다각도로 살피며, 위인을 비판적으로 바라보는 시각을 함께 나누고자 링컨을 선정했습니다."_이영인

여러분, 링컨(1809~1865)에 대해서 들어보신 적 있죠? 교과서에서는 링컨을 노예제에 반대하고 남북전쟁을 승리로 이끈 인물로 소개합니다. 이렇게만 보면 그가 흑인 노예들의 영웅이자 보편적 인권의 수호자인 것 같아요. 그런데 링컨이 정말 처음부터 노예 해방을 목표로 했던 인물일까요? 그의 진짜 이야기를 알아봅시다.

안녕하십니까, 에이브러햄 링컨입니다. 방금 흥미로운 글을 읽었는데, 특히 교과서에서 저를 노예제에 반대한 인물로 묘사하는 부분이 인상 깊었습니다. 후대의 여러분은 저를 노예 해방론자로 생각할지도 모르겠지만, 솔직히 저는 노예 해방론자라기보다는 **연방**을 유지하고자 했던 사람이었습니다. 그렇다면 왜 노예 해방 선언을 했느냐고요? 당시 **미국**의 복잡한 상황을 이해해야만 그 답을 찾을 수 있습니다.

제가 대통령으로 당선된 1860년, 미국은 이미 깊은 분열에 빠져 있었습니다. 북부와 남부의 경제 구조는 극명하게 달랐고, 그 중심에는 **노예제**라는 뜨거운 쟁점이 놓여 있었죠. 북부는 산업 발전을 위해 **자유노동자**를 요구하는 상황이었고, 남부는 광활한 농장을 일구느라 여전히 흑인 노예들의 노동력에 전적으로 의존하던 처지였습니다. 노예를 단순한 재산으로 여기는 남부와, 모든 인간이 존엄하다는 가치를 옹호하는 북부의 생각은 도저히 타협점을 찾을 수 없었습니다. 스토우 부인의 『톰 아저씨의 오두막집』에서 묘사된 "버지니아 피터스버그 근처에서 노예들이 마치 물건처럼 팔려나가는", "어머니가 팔려가는 아들을 붙잡고 절규하는" 끔찍한 광경은 많은 이의 마음을 움직여 노예제 폐지 여론을 더욱 뜨겁게 만들었습니다.

정치적 갈등 또한 심각했습니다. 이는 당시 미국의 독특한 입법 시스템 때문이었습니다. 미국에서 법안이 최종 통과되려면 하원과 상원 양쪽에서 모두 찬성을 얻어야 했습니다. 따라서 남부와 북부는 자신들에게 유리한 법을 유지하거나 만들기 위해 의석수를 확보하는 데 사활을 걸었습니다. 먼저 인구수에 비례해 대표를 뽑는 하원의 경우, 남부는 투표권이 없는 노예 인구까지 머릿수에 포함시켜 실제 백인 인구보다 더 많은 의석을 가져갔습니다. 이는 인구가 훨씬 많았던 북부 입장에서는 매우 불리하고 억울한 상황이었습니다.

인구와 상관없이 모든 주가 똑같이 2명의 대표를 뽑는 상원 시스템도 문제였습니다. 남부는 새로운 주가 연방에 가입할 때마다 **노예 주**의 숫자를 늘려 상원 의석을 북부와 똑같이 맞췄습니다. 이렇게 상원 의석수가 팽팽하게 맞물려 있으면, 북부가 하원에서 노예제 반대 법안을 통과시켜도 남부가 상원에서 이를 반대하여

법으로 만들어지는 것을 막아낼 수 있었습니다. 결국 북부 사람들은 이런 제도적 한계 때문에 노예제 문제를 해결하기가 매우 어렵다는 사실을 깨닫고 남부와 더 크게 충돌하기 시작했습니다.

이러한 위태로운 상황 속에서 저는 미국의 대통령이 되었고, 제가 속한 공화당은 노예제 확산에 반대하는 태도를 분명히 밝혔습니다. 이에 남부의 여러 주는 연방에서 탈퇴하여 '아메리카 연합'이라는 새로운 정부를 세웠고, 결국 1861년 4월, 섬터 요새 공격을 시작으로 길고도 고통스러운 남북전쟁이 시작되었습니다.

전쟁 초기, 저의 가장 중요한 목표는 연방을 보존하는 것이었습니다. 당시 가장 영향력이 컸던 신문사인 「뉴욕 트리뷴」의 편집장 호러스 그릴리는 제가 노예 해방을 머뭇거린다며 지면을 통해 저를 강하게 비판했습니다. 이에 저는 그에게 보낸 답장에서 저의 최우선 순위가 무엇인지 분명히 밝혔습니다. '만약 제가 어떤 노예도 해방하지 않고 연방을 구할 수 있다면 그렇게 할 것이고, 모든 노예를 해방해서 구할 수 있다면 또한 그렇게 할 것입니다. 일부는 해방하고 일부는 그냥 둠으로써 연방을 구할 수 있다면 역시 그렇게 할 것입니다.' 당시 저는 대통령으로서 흩어진 나라를 하나로 모으는 것이 그 무엇보다 급선무라고 판단했습니다. 하지만 이는 노예 해방을 포기하겠다는 뜻이 아니었습니다. 오히려 연방을 지키는 과정에서 노예 해방이 반드시 필요한 수단이 된다면, 저는 기꺼이 그 길을 택할 준비가 되어 있었습니다.

하지만 전쟁이 계속되면서, 국내외 정세는 제가 노예 해방이라는 카드를 꺼내 들도록 만들었습니다. 남부는 영국과의 무역을 통해 전쟁 물자를 공급받으려 했고, 저는 이를 차단하고 국제 사회의 지지를 얻기 위해 노예 해방령을 선포하는 것이 전략적으로 필수적이라고 판단했습니다.

1863년 1월 1일, 마침내 노예 해방선언을 발표했습니다. 이는 단순한 인도주의적 조치를 넘어, "현재 미국에 대하여 반란 상태에 있는 주의 노예들은 1863년 1월 1일 이후부터 영원히 자유의 몸이 될 것이다"라고 명시했습니다. 이는 남부의 노동력을 약화시키고 북부의 도덕적 우위를 확보하며, 영국의 남부 지원 가능성을 낮추는 중요한 결정이었습니다.

이러한 상황 속에서 남부는 거대한 도박수를 던졌습니다. 남부의 명장 로버트 리 장군이 전쟁을 빨리 끝내기 위해 북부의 심장부인 펜실베이니아를 공격하기로 한 것입니다. 그는 북부 본토에서 승리하여 북부 사람들에게 공포를 심어주고, 영국이나 프랑스로부터 남부를 공식 국가로 인정받아 도움을 얻고자 했습니다.

이윽고 북부군과 남부군은 게티즈버그라는 작은 마을에서 격돌했습니다. 3일간의 치열한 전투 끝에, 탁 트인 벌판을 가로질러 돌격하던 남부군은 북부군의 강력한 포격을 견디지 못하고 퇴각했습니다. 이 전투에서 남부는 약 2만 8천 명의 병력을 잃는 회복 불가능한 타격을 입었고, 이후 다시는 북부를 공격하지 못하게 되었습니다.

뿐만 아니라 이 전투의 결과로 인해 영국과 프랑스도 남부를 돕지 않기로 결정했습니다. 결국 게티즈버그 전투는 남북전쟁의 거대한 물줄기를 북부의 승리로 돌려놓았고, 무너질 뻔한 연방을 유지할 수 있는 결정적인 계기가 되었습니다.

물론, 저의 이러한 결정이 순전히 노예 해방이라는 이상만을 따른 결과라고 단정하기는 어려울 것입니다. 당시의 복잡하고 위태로웠던 정치적, 군사적 상황 속에서 연방을 유지하기 위한 고뇌와 전략적인 판단이 함께 작용했던 것이 사실입니다. 그러나, 노예 해방령이 남부의 흑인들에게 자유를 선사하고, 이후 미국의 사회 변화에 지대한 영향을 미쳤다는 사실은 누구도 부인할 수 없을 것입니다. **게티즈버그 연설**에서 제가 강조했던 "모든 사람은 자유 속에서 잉태되고 평등하게 태어났다"라는 이상은, 비록 그 과정이 험난했을지라도, 제가 꿈꾸었던 미국의 미래였습니다. 남북전쟁 이후, 미국은 새로운 시대로 나아갔습니다. 남부는 더 이상 노예 노동에만 의존하는 농업 지역에 머물지 않았습니다. 노예 대신 계약을 통해 농사를 짓는 새로운 노동 방식이 도입되었고, 목화 농장 옆에는 거대한 방직 공장과 철강 공장들이 들어서기 시작했습니다. 거미줄처럼 뻗어 나간 철도는 남부의 풍부한 자원을 도시로 실어 날랐고, 이는 남부가 현대적인 산업 사회로 탈바꿈하는 밑거름이 되었습니다. 물론 인종차별과 불평등은 여전히 남았지만, 이러한 경제적·제도적 변화를 통해 미국은 진정한 의미의 통합된 민주주의 국가로 성장해갈 수 있었습니다.

저에 대한 다양한 해석이 존재한다는 것은 역사가 끊임없이 되돌아보며 새로운 의미를 발견해 나가는 살아있는 학문이라는 증거일 것입니다. 중요한 것은 당시의 상황을 다양한 각도에서 이해하고, 저의 결정이 어떤 역사적 의미를 갖는지 깊이 숙고하는 것이라고 생각합니다. 결국, 저를 노예 해방론자로 볼 것인가, 아니면 연방 유지를 우선했던 전략가로 볼 것인가는 역사를 바라보는 여러분의 몫일 것입니다.

지금까지 링컨에 대해서 알아보았습니다. 이를 통해 우리는 링컨이 왜 노예 해방 선언을 했는지 알 수 있었습니다. 링컨은 노예 해방론자이기보다는 연방의 유지라는 목적을 위해 노예 해방 선언을 했던 인물이었습니다. 하지만 그의 선언이 노예 해방에 지대한 영향을 끼쳤기 때문에 노예 해방론자로 평가하기도 합니다. 그의 목적은 연방의 유지였기 때문에 노예 해방론자가 아니라는 입장, 결과적으로는 노예 해방을 이끌었으니 노예 해방론자가 맞다는 입장, 여러분의 판단은 어떤가요?

통상수교거부 정책을 추진한 흥선대원군

—

그는 조선의 자주성을 지켰을까, 근대화를 늦췄을까?

"흥선대원군의 통상수교거부 정책은 조선의 개방과 발전을 늦추게 했다는 비판이 있습니다. 개항하면서 전통 질서의 수호와 개혁까지 성공해야 했던 당시 조선의 상황 속에서 그의 입장을 다시 한번 생각해보고 싶었습니다."_이재호

여러분은 '흥선대원군(1821~1894)'을 어떤 인물이라고 생각하나요? 나라의 문을 걸어 잠그고 다른 나라와 교류하기를 거부했던 고집 센 정치가? 아니면 부패한 **세도정치**를 바로잡고 나라의 기틀을 다지려 했던 개혁가? 오늘은 이 두 가지 상반된 관점 사이에서 흥선대원군 본인은 어떤 생각을 했는지 이야기를 직접 들어보겠습니다.

안녕하시오. 내 이름은 이하응이네. 흥선대원군이라는 명칭으로 세상에 더 알려졌지. '대원군'이라는 말은 왕의 아버지에게 주는 칭호라네. 보통 왕의 아버지 역시 왕이지만, 그렇지 않은 경우도 더러 있다네. 내가 바로 그런 쪽이었지. 사실, 나는 왕족이긴 했지만 왕위 계승 서열에서는 한참 아래였고, 내가 태어났을 때는 이미 내 위로 많은 왕자가 있었기에 왕이 될 가능성은 거의 없었네.

그런데 운명이란 알 수 없는 모양이더군. 조선 제25대 왕인 철종이 후계자 없이 세상을 떠난 거야. 당시 권력을 쥐고 있던 세도 가문은 또 다른 허수아비 왕을 찾아 왕의 먼 친척인 나에게까지

왔네. 이들은 내 아들인 이명복을 12살의 어린 나이로 왕위에 앉히기로 했고, 그 덕에 나는 살아 있는 왕의 아버지, 즉 대원군이 되었지. 그러고는 아직 성인이 되지 않은 아들을 대신하여 조선의 정치를 이끌게 된 것이네. 나처럼 살아 있는 대원군이 정권을 잡은 건 조선 역사상 처음 있는 일이었지.

내가 정권을 잡았을 때, 조선의 사정은 그야말로 바람 앞의 등불과 같았다네. 세도 가문이 권력을 독점하는 바람에 나라의 기강은 무너지고, 관직마저 돈으로 사고파는 지경에 이르렀지. **삼정**의 문란으로 백성들은 무거운 세금에 고통받고 있었고, 여기에 서양의 **이양선**들까지 나타나 통상을 요구하며 위협하고 있었다네. 이런 상황에서는 누군가 책임을 지고 나라를 이끌어야 하지 않겠나? 그래서 나는 결심했네. 조선이라는 나라를 다시 세우기로 한 거지. 우선 나는 세도 가문이었던 안동 김씨 가문의 힘을 빼고, 원래 국방을 논의하던 기관이었지만 권력을 쥐고 흔들던 비변사를 없앴네. 그리고 왕의 명령을 받고 나라의 중요한 일을 처리하는 의정부와 군사 업무를 맡는 삼군부의 기능을 되살렸지. 이건 나라를 효율적으로 운영하고, 특정 가문에 집중된 권력을 다시 왕에게로 돌려놓기 위함이었다네. 이해되는가?

조선의 중심이 되는 경복궁도 다시 세웠다네. 경복궁은 임진왜란 때 선조가 한양을 버리고 도망가자 남아 있던 백성들이 불태워버렸지. 도성의 백성들이 불타버린 궁궐의 폐허를 보면서 무슨 생각을 했겠나? 나는 백성들이 조선왕조가 굳건하다는 것을 보여

줄 필요가 있다고 생각했네. 물론 이 과정에서 백성들을 궁궐 공사에 동원하고 기부금을 걷는 과정에서 원망을 사기도 했지. 소문을 들어보니 원해서 납부한다는 원납전이 원망하면서 납부한다는 원납전으로 불리고 있더구만. 그걸로도 돈이 부족해서 나는 '당백전'이라는 화폐를 발행했네. 기존 동전의 100배 가치를 지닌 동전을 만들었지만, 실제 가치는 그렇지 못해 물가가 폭등하고 백성들은 살기가 더 힘들어졌지. 자네들은 "왜 굳이 궁궐을 지어 백성들의 삶을 더 어렵게 했느냐"고 묻고 싶겠지. 하지만 난 당시에는 나라의 상징을 다시 세우고, 왕실의 권위를 높이는 것이 급선무라고 생각했네. 그래야 나라를 하나로 묶을 수 있을 거라 믿었거든. 하지만 결과적으로 백성들의 삶을 살피지 못했으니, 지금 돌아보면 아쉬움이 크네.

나는 백성들의 고통을 덜어주기 위해 최선을 다했다네. 이를 위해 내가 적극적으로 추진했던 일이 '서원 철폐'였네. 서원이란 유학자들이 학문을 연구하고 제자를 가르치던 곳이지만, 시간이 지나며 일부 서원은 권력을 함부로 쓰고, 세금을 면제받으며 백성들을 힘들게 했지. 그래서 나는 전국의 서원 중 몇 곳만 남기고 대부분을 없앴네. '성리학'을 가장 중요하게 여긴 조선 사회에서 서원을 철폐하겠다고 했더니, 정말 많은 사람이 반발했지. 이를 반대하는 상소문이 전국에서 빗발쳤을 정도네. 하지만 나는 먹고사는 것조차 어려운 백성의 삶이 더 중요하다고 여기고 이를 강하게 밀어붙였다네.

그 외에도 나라가 백성들에게 곡식을 빌려주고 이자를 받던 환곡 제도를 마을 단위로 백성들이 직접 운영하는 사창제로 바꾸어 백성들의 고통을 줄이려 했다네. 특히 호포제를 실시해서 양반에게도 군포를 징수했지. 양반들의 불만이 커졌지만 개의치 않았네. 군포는 군대에 가는 대신 내는 세금인데, 그전에는 양반은 내지 않고 평민들만 냈으니 얼마나 불공평했겠는가? 나는 모든 백성이 평등하게 세금을 부담해야 한다는 신념을 굽히지 않았다네. 이런 개혁들은 당시 조선 사회의 뿌리 깊은 문제들을 바로잡고, 백성의 삶을 안정시키는 데 꼭 필요했다고 자부한다네.

내가 한 일 중에 가장 많은 비판을 받는 것은 통상 수교 거부 정책이겠지. 왜 내가 서양 세력과의 교류를 막고 나라의 문을 걸어 잠그려고 했는지 아는가? 나는 결코 시대의 흐름을 외면하려 한 것이 아니었네. 처음에는 천주교에 대해서도 적대적이지 않았어. 사실 아내와 딸들도 천주교 신자였다네. 심지어 러시아가 조선과 영토를 마주하고 남쪽으로 내려오는 것을 막기 위해 서양 세력의 힘을 빌릴까도 생각했었지. 그래서 러시아를 견제하기 위해 프랑스와 동맹을 추진하기도 했다네. 하지만 프랑스 선교사들이 이를 거부하는 바람에 그 계획은 물거품이 되고 말았지. 그러면서 서양 세력 특히 천주교가 조선에 위협이 될 것을 우려한 나는 천주교를 탄압하라는 명령을 내렸네. 이를 계기로 프랑스군이 병인양요를 일으켜 우리를 침략했지.

나는 병인양요와 **신미양요**를 겪으며 서양 세력이 단순한 상인들이 아니라는 것을 뼈저리게 깨달았다네. 그들은 무역을 핑계로 조선의 주권을 빼앗고, 자신들의 종교와 문화를 강요하려 했지. 프랑스군과 미군이 우리 땅을 침범하고, 무고한 백성들을 죽이고 약탈하는 모습을 보며, 나는 그들을 받아들이는 것이 곧 조선의 멸망으로 이어질 수 있다고 확신했네.

특히 제너럴셔먼호 사건은 나에게 큰 충격을 주었네. 미국 상선인 제너럴셔먼호가 대동강까지 들어와 약탈을 일삼다가 우리 군에 의해 불타버린 적이 있지. 그때 나는 서양의 증기선이 얼마나 강력한지 직접 확인하고, 제너럴셔먼호의 남은 잔해를 이용해 서양 배를 역설계하려고까지 시도했다네. 서양의 기술을 배워 우리 것으로 만들고자 했던 것이지. 하지만 당시 우리의 기술로는 역부족이었네. 이런 경험을 통해 나는 우리가 충분히 힘을 기르고, 스스로의 힘으로 나라를 지킬 수 있을 때까지는 외세의 침략을 막아야 한다고 판단했다네.

그래서 척화비를 전국에 세워 "서양 오랑캐가 침범하는데 싸우지 않으면 화친하는 것이요, 화친을 주장하는 것은 나라를 파는 것이다"라고 새겼다네. 이를 통해 백성들에게 외세 침략의 위험성을 알리고 나라를 지키려는 굳은 의지를 다지기 위함이었다네. 혹자는 이런 나의 판단과 행동이 "조선이 세계의 흐름에서 뒤처지는 계기가 되었다"고 비판하지만, 나는 당시 조선의 상황에서 주권을 지키기 위한 불가피한 선택이었다고 생각하네. 내가 만약 그들의 요구를 무작정 받아들였다면, 조선은 서양 열강의 식민지로 전락하여 주권을 잃었을지도 모른다네. 나는 단지 조선의 자주성을 지키는 데 충실했을 뿐이야. 그럼에도 불구하고 자네들은 내가 틀렸다고 생각하는가?

지금까지 흥선대원군의 목소리를 통해 그의 생각을 들어보았습니다. 흥선대원군의 개혁 정책들은 무너져가는 조선을 다시 일으키고 백성들의 삶을 안정시키려 노력했다는 점에서 의미가 있습니다. 그의 말처럼 당시 조선을 둘러싼 국내외 상황은 매우 위급했고, 그의 선택에는 나름 합리적인 이유가 있었을 것입니다. 그러나 동시에, 통상 수교 거부 정책이 조선의 근대화를 지연시키고 급변하는 국세 정세에 주도적으로 대처하지 못하게 했다는 점 역시 분명합니다. 서구 중심의 세계 질서가 확산되는 것을 거부하고 변화에 대해 저항하는 태도가 조선의 개혁을 늦추고 오히려 더 큰 위기를 초래한 것은 아닐까요?

그렇다면 우리는 흥선대원군을 혼란 속에서 나라를 구하려 했던 개혁가로 기억해야 할까요, 아니면 시대의 흐름을 거스른 수구 세력으로 평가해야 할까요? 그의 통치 방식과 정책들이 당시 조선 사회에 미친 영향은 무엇이었으며, 과연 그 시대에 조선이 나아갈 수 있었던 가장 현명한 길은 무엇이었을까요? 여러분의 생각을 정리해보는 시간을 가져보면 좋겠습니다.

나치 제국의 총통 아돌프 히틀러

—

민주주의의 승리?

"히틀러는 폭력적 독재자로 각인되어 있지만, 사실 민주적인 투표를 통해 권력을 잡았습니다. 대중의 선택이 어떻게 최악의 비극으로 이어졌는지 그 이면을 살피며, 민주주의의 취약성과 대중의 책임감을 고찰하고 싶었습니다."_이영인

여러분! 우리나라의 대통령을 어떻게 뽑는지 알고 있나요? 맞아요. 투표를 통해 국가의 지도자를 직접 뽑습니다. 이러한 제도를 민주주의라고 합니다. 우리가 원하는 지도자를 고를 수 있다니 정말 이상적이지 않나요? 모든 국민의 투표로 뽑힌 리더는 분명 능력이 뛰어나고 도덕적으로 훌륭한 인물일 것입니다. 하지만 특수한 상황과 선동 때문에 잘못된 지도자를 뽑는다면 어떻게 될까요? 이번에는 이런 상황을 잘 보여주는 인물 한 사람을 살펴보겠습니다. 바로 히틀러(1889~1945)입니다.

여러분은 히틀러 하면 어떤 단어들이 생각나나요? 독재, 제2차 세계대전, 유대인 대학살 등과 같은 폭력적인 단어들이 떠오를 것입니다. 교과서에서는 **나치당**을 이끌며 인기를 얻어 일당 독재를 수립한 인물, **아리아인** 우월주의를 앞세워 유대인을 박해하는 등 인종 차별 정책을 펼친 인물 등으로 히틀러를 묘사하고 있습니다. 이런 파괴적인 용어들을 보았을 때, 우리는 히틀러가 폭력으로 권력을 잡았을 것으로 추측할 수 있을 것입니다. 전쟁을 일으키고, 수많은 유대인을 학살했던 범죄자를 사람들의 손으로 선출했을 것이라고 믿기 어려울 것이기 때문입니다. 그런데, 실제로는 어떨까요? 쿠데타 같은 것으로 권력을 잡았을까요? 히틀러의 이야기를 들어봅시다.

위대한 아리아인 그리고 나머지 세계인들이여! 나는 아돌프 히틀러다. 오늘날 많은 이들이 나를 두고 제2차 세계대전을 일으키고, 유대인 대학살이라는 끔찍한 범죄를 저지른 독재자라고 부르더군. 심지어 미술대학 낙방이 나를 최악의 범죄자로 만들었다는 우스갯소리까지 떠돌다니 정말 어처구니가 없다. 교과서에서는 나를 나치당을 이끌고 대중의 지지를 얻어 일당 독재를 확립하고, 게르만 민족의 우월성을 내세워 유대인을 박해한 인종차별주의자로 묘사하더군. 또한 내 저서 『나의 투쟁』의 한 구절, "민주주의 국가는 인종을 모든 생활의 중심에 두어야 하며, 국가는 인종의 순수성을 유지하기 위해 노력해야 한다. 우리의 외교 정책 목표는 독일 민족에 어울리는 영토를 이 지상에서 확보하는 것이다"라는 부분을 인용해, 나를 인종차별주의자이자 영토 확장에 혈안이 된 인물로 강조하지. 이런 기록들만 본다면, 내가 쿠데타와 같은 비정상적인 방법으로 권력을 잡았을 거라고 생각할 것이다. 하지만, 나는 투표를 통해 정당하게, 그리고 합법적으로 권력을 장악했다. 민중들이 나를 원했다!

물론 사람들이 나를 처음부터 압도적으로 지지한 것은 아니다. 1923년, 나는 뮌헨 맥주 가게에서 혁명을 일으켰다가 억울한 감옥살이를 하기도 했다. 하지만 1928년과 1930년 사이, 세상은 급격히 변했다. 1929년 미국의 주가 폭락, 즉 세계 **대공황**이 찾아온 것이다. 제1차 세계대전 이후 미국의 지원으로 경제적 회복을 꿈꾸던 유럽 국가들은, 미국의 위기로 인해 다시 깊은 절망에 빠졌다. 특히 미국에 크게 의존하던 독일 경제는 심각한 타격을 입었다. 1930년 3월 225만 명이던 실업자는 2년 뒤인 1932년 3월 약 3배의 숫자인 600만 명을 넘어섰다. 실업자들이 많아지니 자연스레 소비가 줄었고, 기업은 다시 투자를 줄이며 사람들을 해고하는 경제적 악순환이 발생했지. 대규모의 실업자들은 아리안 인종주의, 개인보다 국가를 중시하는 전체주의, 부의 공정한 분배를 주장하는 공산주의에 빠지기 시작했다. 재산이 없는 자들은 실업과 독일 경제를 해결할 수 있는 지도자를, 재산이 있는 자들은 공산주의자들로부터 자신들의 재산을 지켜줄 지도자를 찾고 있었다.

나는 이 국가적 위기를 정치적 기회로 삼으려 했다. 위대한 독일의 경제적 어려움을 유대인에게 돌리고, 순수한 아리아인의 단결만이 이 위기를 극복할 수 있다고 주장했지. 또한 부를 독점하는 대재벌을 비판하는 동시에, 공산주의를 배격하고 우리 독일인이 재산을 가져야 한다고 옹호했다. 나의 이 같은 주장은 중소 시민 계층의 마음을 사로잡았다. 그뿐만 아니라, 공산주의를 두려워하던 독일의 정통 보수 세력, 즉 고위 군인, 대지주, 대자본가, 금융 엘리트들까지 나와 나치당을 적극적으로 지원하게 되었지. 당시 독일 경제계의 거물 **폰 파펜**조차 “자신을 지지하는 보수 및 민족주의 집단이 나치와 함께 정부를 구성하는 것이 최선”이라고 판단하고 나를 지지했다. 그는 내가 총리가 된다면 자신의 지지자들이 장관으로 참여할 수 있을 것이라 기대했고, 나는 기존 질서를 변화시키는 나의 정책, 즉 "공산당원과 유대인을 독일 사회 지도층에서 제거하고 공직 사회의 질서를 회복하는 것"을 지지한다면 그럴 수 있다고 약속했다. 결국, 폰 파펜과 나는 손을 잡게 된 것이다.

사실 나치당은 대공황 이전까지만 해도 미미한 존재였다. 1928년 선거에서 고작 12석을 차지했을 뿐이었으니까. 당시 독일에서 가장 큰 힘을 가진 정당은 노동자들의 지지를 받던 사회민주당이었다. 하지만 1929년 대공황으로 수백만 명의 실업자가 쏟아지자 국민들은 기존 정치에 실망했다. 그 혼란을 틈타 우리 나치당은 **"자유와 빵"**, "독일이여, 깨어나라!"라는 슬로건을 내세웠다. 우리당은 1930년 9월 총선거에서 107석을 얻으며 독일 제2당으로 부상했을 뿐 아니라 1932년 3월 대통령 선거에서는 힌덴부르크에게 패배했지만 600만 표라는 막대한 지지를 받았다. 그리고 그해 7월 총선거에서는 득표율 32.7%로 230석을 차지하며 마침내 제1당이 되었다. 이처럼 압도적인 대중의 지지에 힘입어 1933년 나는 총리로 취임했고, 1934년 힌덴부르크 대통령 서거 후에는 총통의 자리에까지 올랐지.

하지만 나치의 정치적 토대가 두터운 것은 아니었다. 대중의 지지는 대공황이라는 특수한 상황에 기반한 것이었기 때문이다. 그래서 나는 정권을 유지하기 위해 두 가지 방법을 썼다. 첫째는 '테러'를 통한 공포정치였다. 나는 친위대 SS를 시켜 공산주의자와 유대인을 대상으로 조직적인 테러를 실행했다. 유대인의 가게를 파괴하고, 유대인 예배당에 불을 지르도록 명령했다. 이러한 테러로 대중에게 일상적인 공포심을 심어주어 나치에 반대하는 목소리를 내는 것이 곧 죽음이라는 사실을 본능적으로 각인시켰다. 둘째는 '프로파간다(선전)'를 통한 정신적 지배였다. 나는 언론과 공교육에 프로파간다를 적극적으로 활용해 대중을 통제하고자 했다. 나치에 협조하지 않는 언론사들을 통폐합했고, 모든 교과서의 내용을 국가에서 단일화했으며, 모든 교사들을 하나의 단체로 묶어 관리했다. 이처럼 국가 수준에서 정보를 철저히 제한한 뒤에는 한 걸음 더 나아가 민간 수준에서의 정보까지 완벽하게 지배하고자 했다. 이를 위해 '단순화와 반복'이라는 심리 기법을 즐겨 썼다. 복잡한 정치 논쟁 대신 "한 민족, 한 국가, 한 총통" 같은 단순한 슬로건을 모든 매체에 도배했다. 특히 반복적으로 메시지를 각인시키기 위해 '국민 라디오'를 대량 보급한 것은 매우 효과적이었다. 라디오를 통해 내 연설을 독일 모든 가정의 거실에서 24시간 울려 퍼지게 했다. 그뿐만 아니라 연극, 영화, 집회, 올림픽 같은 대중문화를 활용해 독일 민족의식과 나치 숭배 의식을 심었다. 1934년 뉘른베르크 전당대회에서 보여준 수많은 횃불, 거대한 깃발, 질서 정연한 군대의 행진 등은 대중들을 현혹하기 위해 치밀하게 계산한 것들이었다. 이처럼 나는 폭력이 아닌, 여러분이 믿는 민주주의라는 시스템 안에서 합법적인 절차를 통해 독일을 장악할 수 있었다. 권력을 잡은 이후에는 일당 독재를 유지하기 위해 민중을 통제하는 데 힘을 쏟았다.

여러분 지금까지 히틀러의 이야기를 들어보았습니다. 독재자, 제2차 세계대전을 시작한 자, 유대인을 대량 학살한 자였던 그는 놀랍게도 불법적인 폭력이 아니라 합법적인 투표로 권력을 장악한 인물이었습니다. 현대에도 대한민국을 포함한 많은 국가에서 민주주의를 가장 합리적인 체제로 생각하여 지도자를 국민의 손으로 뽑고 있습니다. 하지만 다수의 선택이 항상 옳은 것일까요? 다수의 선택이 옳은 결과를 얻으려면 어떻게 해야 할까요? 히틀러의 사례를 참고하여 민주주의가 바람직하고 이성적인 방향으로 나아가려면 어떻게 해야 할지 생각해보았으면 좋겠습니다.

유엔군 총사령관 더글라스 맥아더

—

그는 과연 영웅인가?

"맥아더는 '6·25전쟁의 영웅'이라는 신화 뒤에 '전쟁의 성과'라는 욕망을 숨겼던 인물입니다. 우리가 가진 영웅적 선입견에 균열을 내고, 역사적 인물을 입체적이고 객관적으로 재평가하고자 맥아더를 선택했습니다."_이영인

여러분, 안녕하십니까! 이번에는 우리에게 너무나도 익숙한 인물을 소개하려 합니다. **6·25전쟁**의 전세를 뒤집은 자, 유엔군 총사령관, '아메리칸 시저'라는 수식어를 가진 사람인데요. 바로 더글러스 맥아더(1880~1964)입니다! 학교에서 6·25전쟁을 배울 때 그를 처음 알게 되었을 수도 있고, 「인천상륙작전」이라는 영화를 통해 더 자세히 알게 되었을지도 모르는데요. 하지만 이 '영웅'에게 긍정적 평가만 따라오는 것은 아닙니다. 미국의 루스벨트 대통령은 맥아더를 '범죄자'로, 트루먼 대통령은 '재앙'으로, 맥아더 평전을 쓴 샬러는 그를 '극단적인 기회주의자이자 이기주의자'로 비판했거든요. 과연 더글러스 맥아더는 우리가 아는 그대로의 영웅이었을까요, 아니면 다른 평가가 필요한 인물이었을까요? 맥아더 장군의 이야기를 직접 들어봅시다.

내 이름은 더글러스 맥아더. 한국에서는 나를 6·25전쟁의 영웅이자 자유와 민주주의의 수호자로 기억하고 있다고 들었다. 하지만 내가 정말 그런 존재였을까? 어쩌면 나는 누군가에 의해 만들어진 영웅일지도 모른다. 내 야망과 정치적 목적을 한국의 안위보다 우선했던 순간들도 있었으니까.

나는 제2차 세계대전 이후 일본 점령군 최고 사령관으로 부임했다. 사령관으로서 나의 임무는 일본을 무장해제하고 민주주의 국가로 전환하는 일이었다. 나는 이 일을 성공적으로 수행하여 1948년 혹은 1952년에 대선에 나가 대통령이 되고자 하는 야심이 있었다. 따라서 1946년, 일본이 전쟁을 영구히 포기하고 비무장할 것을 명시한 신헌법 제정을 주도했다. 또한 도쿄 재판을 통해 군국주의 지도자들을 처벌하고 전쟁 관련자들을 직위에서 해임했으며, 군수산업을 이끌던 재벌 기업들을 해체했다. 하지만 임무를 성공적으로 완수한 것은 아니었다. 제2차 세계대전에 책임이 있는 천황을 포함한 고위 전쟁 범죄자들은 처벌하지 않았으며 나아가 천황제를 유지하는 결정을 내렸다. 이것은 미국이 일본을 원활히 통치할 수 있도록 제2차 세계대전에 대한 책임을 묻기보다는 실용적인 판단을 내렸던 부분이다. 또한 6·25전쟁이 발발하자 재벌 기업 해체 작업을 완화하였다. 이는 일본을 반공산주의의 기지로 만들기 위함이었다.

솔직히 말하면, 나는 1950년 6·25전쟁이 발발할 것을 예상하지 못했다. 나의 관심사는 오로지 일본을 성공적으로 통치하여 대선에 출마하는 것이었기 때문이다. 따라서 일본의 식민지였던 한반도에서 무슨 일이 일어날 것이라 예상하지 못했고 설령 일어나더라도 그건 나의 일이 아니라고 생각했다. 또한 한반도의 군사 전략적 가치를 가벼이 여겨 1949년 미군 철수에도 동의했다. 북한의 남침 소식을 들었을 때조차 "한쪽 팔을 뒤로 묶고도" 전쟁을 조기에 끝낼 수 있다고 단언하며 대수롭지 않게 생각했다. 그러나 북한군의 진격은 내 예상보다 훨씬 빠르고 강력했다. 서울이 함락되고 부산까지 밀리는 상황에 직면했다. 나는 내 실수를 만회함으로써 정치적 입지를 다지는 전환점으로 삼고자 했다. 바로 인천상륙작전이었다.

워싱턴 군부는 나의 계획에 강력히 반대했다. 인천은 조수간만의 차가 크고, 성공하더라도 낙동강까지 너무 멀어 북한군을 공격하기 어렵다는 이유였다. 육군 참모총장 콜린스 장군과 해군 참모총장 셔먼이 나를 단념시키기 위해 파견되었지만, 나는 오히려 그들을 설득했다. 결국 워싱턴 군부는 나의 강력한 의지에 동의할 수밖에 없었다. 이에 따라 내가 미국의 군 통수권자인 트루먼 대통령이나 군의 명령 체계를 무시했다는 비판이 있다는 것을 알고 있다.

1950년 9월 15일, 인천상륙작전은 대성공이었다. 이 작전으로 북한군은 부산에서 38선 이북까지 밀려났다. 워싱턴은 무력에 의한 한반도 통일을 결정했고, 유엔군은 38선 이북으로 북진하기 시작했다. 내 작전으로 전쟁에서 승리하고 대선의 꿈이 실현될 것만 같았다.

하지만 나의 꿈은 물거품이 될 위기에 처했다. 1950년 10월 19일 중국이 6·25전쟁에 참전한 것이다. 이러한 중국군의 개입을 예상치 못하여 야전사령관으로서의 무능력했다는 평가를 인정한다. 그러나 총사령관이란 전쟁의 책임을 지는 자리이다. 나는 항상 "전쟁에서 승리 외에는 대안이 없다(There is no substitute for victory)"라는 신념이 있었기에 전쟁에서 승리하기 위해 모든 수단을 동원하고자 했다. 따라서 만주 일대 중국 군사 시설에 핵폭탄 사용을 역설했다. 이는 제3차 세계대전을 일으킬 수 있는 위험천만한 주장이라는 비판을 받았다. 하지만 공산주의 세력을 배제하고 전쟁에서 승리하기 위해서는 어쩔 수 없는 선택이었다.

트루먼 대통령은 1951년 4월 11일 나를 해임했다. 트루먼은 중국의 참전으로 인한 전쟁 확대와 미군의 희생을 막고자 했다. 그의 입장을 인지하고 있었음에도, 나는 1951년 3월 24일 "이제 우리는 중국의 해안선과 영토 내의 기지로 군사작전을 확장할 것이며 적은 군사적 붕괴의 위험성을 명백하게 인지하여야 한다"라는 내용의 최후통첩을 발표했다. 트루먼은 이런 나의 선언을 월권행위로 받아들인 것 같다. 한국 문제는 제3차 세계대전으로 확전될 위기에 놓였고, 미국의 동맹국들은 미국 대통령의 지도력을 의심하기 시작했다. 결국 트루먼은 지휘 계통을 무시하고 국가를 위기에 빠뜨린 문제, 군 기강 문란, 항명의 문제로 나를 해임했다.

트루먼 대통령에게 해임 통보를 받은 나는 엄청난 충격에 휩싸였다. 회고록에 "어떤 사환도, 어떤 파출부도, 어떤 하인도 이처럼 무례한 방식으로 해고당하지는 않을 것이다"라고 썼을 만큼, 그 방식은 모욕적이었다. 하지만 미국으로 돌아온 나를 기다리고 있던 것은 비난이 아닌 열광적인 환영이었다. 1951년 4월 19일,

나는 미국 상하 양원 합동회의에서 "노병은 죽지 않는다. 다만 사라질 뿐이다(Old soldiers never die. They just fade away)"라는 고별 연설을 남기며 군인으로서 퇴장하였다. 나의 해임은 당시 미국 사회에서 엄청난 논란을 불러일으켰고, 일부 공화당 의원들은 트루먼 대통령의 탄핵까지 거론할 정도였다.

나는 이러한 대중의 지지를 등에 업고, 1952년 대통령 선거를 앞둔 시점, 공화당 내 보수파 세력의 기대를 한 몸에 받았다. 실제로 공화당 전당대회에서 내 이름은 대통령 후보 지명 투표에 올랐지만, 최종적인 득표수는 미미했다. 이때 뜻밖의 인물이 강력한 대권주자로 떠올랐으니, 바로 **드와이트 아이젠하워**였다. 그는 과거 필리핀에서 나의 부관으로 일했지만, 제2차 세계대전을 거치며 유럽 연합군 최고 사령관으로 급부상한 또 다른 5성 장군이었다. 아이젠하워는 제2차 세계대전의 전세를 뒤집은 '노르망디 상륙 작전'을 통해 국제적 영웅이 되었다.

나는 과거의 부관이자 정치적·군사적 라이벌인 아이젠하워가 대통령이 되는 것을 지켜만 볼 수는 없었다. 나는 아이젠하워 대신 다른 후보였던 **로버트 태프트**를 공개적으로 지지하는 연설을 하였다. 하지만 아이젠하워는 "내가 대통령이 되면 한국전쟁을 끝내겠다"라는 공약을 내걸며 대중의 지지를 얻었다. 결국 아이젠하워는 제34대 미국 대통령에 당선되어 한국전쟁의 휴전을 이끌었다. 이로써 나의 정치적 영향력은 점차 감소했고, 대중의 관심 밖으로 서서히 사라져갔다.

여러분! 우리는 지금까지 6·25전쟁의 영웅이자, 자유·민주주의의 수호자, 천재 전략가 등으로 평가받아 온 맥아더 장군의 이야기를 들어보았습니다. 그는 우리가 기대하는 것과는 다르게 그는 한국에 별다른 관심이 없었습니다. 6·25전쟁의 승리는 그의 정치적 영향력 확대라는 목적 달성을 위한 수단에 불과했죠. 그리고 중국군의 개입으로 목적 달성이 어려움에 부딪치자, 이후의 상황을 생각하지 않고 핵폭탄 사용을 주장하여 세계를 제3차 세계대전에 빠트릴 뻔한 인물이었습니다. 물론 그의 목적과는 상관없이 맥아더 장군 덕분에 우리나라는 공산화되지 않고 자유 민주주의 국가로 유지될 수 있었지만, 이처럼 위대한 인물에게도 다양한 평가와 또 다른 뒷이야기가 있었다는 것을 새롭게 알게 되었습니다. 어떤 인물을 맹목적으로 숭배하기보다는 비판적인 관점에서 냉정하게 평가해보는 것은 어떨까요?

에필로그

교과서 속 역사 인물과의 대화가 우리에게 남긴 것

김미연: 우리는 항상 선택의 순간에 놓입니다. 어떤 선택을 할 것인가? 그 선택의 순간에 나를 이끄는 힘은 더 풍요로운 삶을 위한 바람일 수도, 가시밭길이지만 신념을 지키기 위한 마음일 수도 있습니다. 여기, 세 사람이 있습니다. 헤이그 특사, 독립문, 한국광복군이라는 교과서 사실 속에 남은 사람들입니다. 역사 부정의 시대를 살아가고 있는 현재의 우리에게, 일제강점기를 살아낸 과거의 사람들이 들려주고 싶은 이야기는 무엇일까요? 이 책이 여러분에게 가치 있는 삶을 살아갈 수 있는 지표가 되길 바랍니다.

김재록: 인물이 역사를 움직이는가, 역사가 인물을 움직이는가? 닭이 먼저일까 달걀이 먼저일까를 떠올리게 하는 이 물음은 우리가 역사를 공부할 때 종종 던지게 됩니다. 이 책은 그 물음에 단정적으로 답하기보다 인물과 역사가 서로를 밀고 당기는 순간을 비추려 노력했습니다. 따라서 두 갈래의 시선으로 인물을 조명했습니다. 교과서 속 익숙한 인물은 새로운 맥락에서 다시 읽고, 교과서에서 비중 있게 다뤄지지 않은 인물은 무대 앞으로 불러냈습니다. 독자 여러분이 이 책을 통해 역사의 흐름을 바꾼 선택의 순간

과 역사의 격랑을 헤치며 분투한 인물들의 삶을 함께 만나보시길 바랍니다.

김정모: 역사는 사람들이 만든 이야기입니다. 거대한 정치적 사건이나 경제 구조보다 한 사람, 한 사람의 이야기를 듣는 방식으로 공부하면 역사에 흥미를 느끼기 좋다고 생각합니다. 책을 읽고 몇 가지 생각해볼 만한 주제를 제시합니다. 먼저 이 책에 나온 유명한 사람만 역사의 주인공이 아니라는 것입니다. 교과서에 없는, 수많은 이름 모를 사람들이 현재를 구성했기에 여러분도 역사의 한 주체로서 어떤 역할을 할 수 있을지 고민해봅시다. 또 책에서 다룬 역사 인물의 모습이 그의 전부가 아니라는 것입니다. 여러분이 다양한 면을 갖고 있듯이 역사 인물도 다양한 관점에서 살필 수 있습니다. 책에서 만난 인물의 다른 모습은 어떨지 떠올려보면 책을 더 재밌게 읽을 수 있을 것입니다.

김정은: 6살 딸이 '한국을 빛낸 100인의 위인들'이라는 노래를 쫑알쫑알 부르기 시작하면서, 도대체 그 100인의 위인들은 어떤 기준으로 선정되었는지 궁금했습니다. 그리고 딸에게 그 노래 속에 담긴 인물의 실제 이야기와 시대적 배경, 갈등과 선택을 풍성하게 알려주고 싶었습니다. 요즘은 역사 관련 책이나 드라마, 영화가 많이 제작되고, 교과서에도 익숙한 역사 인물이 많이 등장하지요. 하지만 우리는 단순히 그들의 이름과 업적만 기억할 때가 많습니다.

만약 그들이 어떤 생각으로 그런 선택을 했는지, 그 결정이 오늘날 우리에게 어떤 의미가 있는지를 함께 고민한다면, 역사는 단순히 과거가 아니라 지금 우리의 삶과 이어져 있음을 깨닫게 될 것입니다.

김정현: 단군에서 윤석열까지…. 역사 교과서에는 수많은 사람이 등장합니다. 그렇지만 그들은 '누가 어떤 일을 했다'로만 서술될 뿐이고 교과서를 읽는 학생들에게는 단지 '외워야 할 사실'에 불과하지요. 이 책을 통해서 교과서에 나오는 수많은 인물의 행동에 대해 생각해보며 위인이라는 그들도 한 인간으로서 다양한 상황에 따라 최선의 '선택'을 했음을 이해하면 좋겠습니다.

김현빈: 역사는 단순한 사실의 나열이 아닙니다. 교과서 속 한 줄 한 줄 뒤에는 웃고, 울고, 고뇌하던 진짜 사람들의 이야기가 숨어 있습니다. 저는 여러분들이 그들의 목소리에 귀를 기울여주길 바랍니다. 왕조의 흥망성쇠 너머 백성들의 삶을, 더 나은 미래를 위해 치열하게 고민했던 흔적을, 지배자의 기록으로만 전해지는 역사 속 침묵하는 이들의 절규를 말이지요. 저는 이 책을 쓰면서 그들의 선택을 이해하되 맹목적으로 받아들이지 않는, 공감하되 비판적 사고를 잃지 않는 균형을 찾으려 노력했습니다. 역사 인물들이 여러분께 건네는 이야기가 단순한 감동을 넘어 깊은 성찰의 시간이 되기를 바랍니다.

김현아: 하고 싶은 말을 하지 못했을 때 찝찝했던 경험 다들 있지요? 수업을 준비하면서 새롭게 알게 되는 사실, 이제는 다르게 보이는 해석은 역사를 직업으로 삼은 저에게도 큰 기쁨입니다. 이 인물이 이런 말은 꼭 하고 싶지 않았을까? 라고 생각이 들었던 지점들을 글로 풀어보았어요. 제 글로 찝찝함이 해소되었을 수도, 오히려 엥? 그게 아닌데… 하며 새로운 답답함이 생겼을 수도 있겠지만, 이러한 사실에 기반한 상상력이 역사학의 매력이 아닐까요?

문지현: 우리의 삶이 쌓이고 모여 새로운 역사가 만들어지듯이, 우리가 배우는 역사는 과거에 살았던 사람들의 삶이 쌓이고 모여 만들어진 것이랍니다. 여러분이 과거에 살았던 인물들의 생각을 들여다보고 그들의 입장에 공감해보며 역사를 우리의 삶과 더 가깝게 느끼기를 바라는 마음으로 이 책을 만들었습니다. 그저 지나가버린 옛날이야기로 생각하셨던 여러분에게 이 책이 '역사란 우리와 같은 사람들의 다양한 이야기'라는 것을 깨닫는 기회가 되어 재미를 느끼셨기를 바랍니다.

오예림: 우리는 수업 시간에 다채로운 역사적 인물들을 마주칩니다. 재미있고 새로우며 현명한, 하지만 때로는 생각지 못한 길을 걷기도 하는 그들은 우리에게 일정 거리 이상 다가오지는 않지요. 하지만 잠시 눈을 감고 그들의 자리에서 숨을 고르다 보면, 수백 년 전의 고민과 기쁨, 두려움이 지금 우리의 감정과 다르지 않음을

느낄 수 있을 것입니다. 교과서 속 활자로만 스쳐 지나갔던 태양왕과 철혈 재상, 한 나라의 체제를 세운 황제가 살아 숨 쉬는 얼굴로 우리 앞에 다가와, 잠시나마 함께 숨결을 나누는 시간이 되기를 바랍니다.

이관우: 역사를 그저 먼 과거의 이야기일 뿐이라고 여기는 순간, 역사는 생명력을 잃어버리게 됩니다. 역사 속에 등장하는 수많은 인물과 사건들을 오늘날 우리 곁으로 불러오고, 이들과 상호작용할 때 비로소 역사는 살아 숨 쉬듯 생동감을 얻게 됩니다. 이 책을 읽으시는 독자 여러분께서 끊임없이 역사 속 인물과 대화를 나누고, 그 안에서 그들이 제시하는 삶의 교훈과 메시지를 가슴속에 새겨, 이를 바탕으로 하루하루를 의미 있고 활기차게 살아가기를 진심으로 바랍니다.

이영인: 저는 바꾸고 싶은 것이 하나 있습니다. 그것은 바로 역사가 재미없다는 편견입니다. 역사가 어렵고 지루하다는 인식이 있는 이유가 무엇일까요? 역사에는 사실들이 많다는 것, 그걸 또 시험 때문에 외워야 한다는 부담감 때문일 것입니다. 하지만 역사는 결국 사람 사는 이야기라고 생각합니다. 역사는 사람의 이야기로 시작하지만, 수많은 인물과 사건들을 다루는 교과서 특성상 이야기가 축소되고 결국 사실만 남는 것이죠. 이 책을 통해 사실을 넘어 인물의 이야기를 느끼고, 역사가 흥미로워지는 경험을 해보길

바랍니다.

이재호: 우리는 누군가를 평가할 때 '이 사람은 어떤 사람'이라고 단정 짓기를 좋아합니다. 역사 속에 인물들도 그렇게 한 가지 방향으로 해석되고 평가되는 경우가 많습니다. 자신에게 내려진 평가에 대해 역사 속 인물들은 어떤 생각을 하고 있을까요? 비판에 대해 변명과 합리화를 하거나 너그럽게 수긍할까요? 교과서를 넘어 상상의 나래를 펼쳐보면서 그들의 내면을 들여다보고 싶었습니다. 인간에 대한 이해를 넓히고 역사의 또 다른 매력을 느끼는 계기가 되기를 바랍니다.

용어 풀이

○

6·25전쟁–1950년 6월 25일 북한의 남침으로 시작한 전쟁을 말한다. 예전에는 이 전쟁을 북한과 남한이 충돌한 점을 강조하여 한국전쟁이라고 불렀다. 하지만 최근에는 북한과 남한뿐만 아니라 중국과 유엔 소속의 16개의 나라가 참전한 국제전이라는 성격을 고려하여 6·25전쟁이라는 용어를 사용하는 추세이다.

㉠

강화도조약–조선 말기에 조선과 일본 사이에 체결된 조약이다. 일본은 운요호라는 군함을 조선으로 보내 불법침입 하면서 강화도조약을 체결할 것을 강요하였다. 강화도조약에는 부산 등을 개항하여 일본과 통상할 것과 일본이 조선 해안의 측량을 허용하는 등 불평등한 내용이 포함되었다. 다만, 조선이 일방적으로 굴욕스러운 조약을 체결한 것은 아니라는 견해도 있다.

게티즈버그 연설–역사상 가장 짧으면서도 가장 강력했던 연설로 꼽힌다. 그 이유는 3가지이다. 첫째, 전쟁의 목적을 '민주주의 수호'로 격상시켰다. 연설 전까지 남북전쟁은 '남부의 반란을 진압하고 땅을 다시 합치는 전쟁'으로 인식됐다. 하지만 링컨은 이 전쟁을 단순한 땅따먹기가 아니라 "국민이 주인인 시스템이 과연 지구상에서 살아남을 수 있는가"를 시험하는 성스러운 싸움임을 선포했다. 둘째, 국가의 뿌리를 재확인했다. 링컨은 '모든 인간은 평등하다'라는 독립선언서의 구절을 인용하며 미국이 나아가야 할 비전이 '진정한 평등'에 있음을 분명히 했다. 셋째, 민주주의의 정의를 가장 완벽하게 정의했다. 그는 연설의 마지막에서 "국민의, 국민에 의한, 국민을 위한 정부"라고 선언했다. 이는 오늘날까지 전 세계 민주주의 국가들이 추구하는 민주주의의 가치를 확립한 것으로 평가된다.

고창국–가오창에 존재하던 다양한 민족의 도시국가로 중국의 신장 웨이우얼 자치구의 황량한 타클라마칸 사막의 북쪽 주변에 건설되었다. 교역을 중심으로 하는 도시로 상인들의 휴식처이기도 하다. 고창의 유적인 고창고성 유적은 현재의 투르판에서 동남쪽으로 40km 부근에 있다.

교정도감–고려 무신정권 시기, 특히 최충헌이 권력을 장악하기 위해 설치한 최고 권력 기구로, '교정소(敎定所)'라고도 불린다. 반대 세력 제거, 국정 총괄, 인사, 감찰, 세금 징수 등 막강한 권력을 행사하며 무신정권의 중심 역할을 했다. 이는 단순한 임시 기구가 아닌 세습되는 최고 실권 기구로 발전하여 최씨 무신정권 4대 60여 년간 유지되었다.

국무령-대한민국 임시정부에서 대통령을 대신하여 행정, 사법을 통할하던 최고 지도자 직책. 1923년 헌법 개정으로 신설되어 초대 국무령으로 이상룡이 추대되었으나 활동에 어려움이 있어 1927년 폐지되고 국무회의 제도로 전환되었다. 국무령으로 추대된 인물들이 취임하지 않거나 활동에 난항을 겪으면서 임시정부 기능이 마비되었고, 결국 1927년 국무령 제도가 폐지되고 국무회의 제도가 채택되면서 역사 속으로 사라졌다.

군현제-중앙에서 군과 현에 관리를 파견해 지방을 다스리는 지방 통치 제도.

근로기준법-1953년 5월 10일에 대한민국의 법률 제286호로 제정된 법이다. 근로조건의 최저기준을 정함으로써 근로자의 근로의욕을 향상시키고 근로자의 기본적 생활을 보장·향상시키며 균형 있는 국민경제의 발전을 위하여 제정한 법이다. 이 법은 근로자의 기본적 생활을 보장하기 위하여 근로조건의 최저기준을 규정하고 있는 노동보호법으로 근로보호법이라고도 한다. 임금, 노동 시간, 유급 휴가, 안전 위생 및 재해 보상 등에 관한 최소한도의 노동 조건을 규정하고 있다.

글라스노스트-1980년대 중반 소련의 미하일 고르바초프가 추진한 '개방' 또는 '정보 공개' 정책으로, 국가 기관의 투명성을 높이고 정보의 자유를 확대하여 언론 검열을 완화하고 사회 전반의 개방을 이끈 정책이다. 이는 정치·경제 개혁 정책인 '페레스트로이카(개혁)'와 함께 소련 사회의 변화를 가져왔으며, 억압되었던 문학, 영화, 사상의 자유를 촉진하는 결과를 낳았다.

기묘사화-1519년(중종 14년) 중종을 중심으로 한 훈구파가 사림의 세력 확장을 견제하기 위해 조광조 등 당시 사림파의 핵심 인물을 제거한 정치적 사건이다. 『선조실록』에 따르면 당시 훈구파가 조광조 등을 제거하기 위해 꿀로 나뭇잎에 '주초위왕(走肖爲王)' 글자를 쓰고서 벌레가 글자대로 나뭇잎을 갉아 먹게 한 후 이를 본 중종이 조광조를 제거했다는 기록이 남아 있다. 여기서 주초위왕에서 주(走)와 초(肖)를 합치면 조(趙)가 되는데 이는 곧 조광조가 왕이 된다는 것을 의미한다.

㉡

나치당-나치(Nazi)의 이름은 독일민족사회주의노동당(Nationalsozialistische Deutsche Arbeiterpartei)의 명칭을 줄인

것에서 유래했다. 나치즘의 사상은 주로 전체주의와 배타적 인종주의로 설명한다. 전체주의는 국가가 개인의 모든 일상 영역에 침투해 지배하는 것이다. 배타적 인종주의는 인종적으로 우월한 아리안족의 생활권을 확보하는 것을 목표로, 이 과정에서 방해되는 열등 인종(유대인, 슬라브인 등)은 모두 배제하는 것이었다.

낭트칙령-1598년에 프랑스 국왕 앙리 4세가 발표한 법령으로, 프랑스 내의 개신교 신자인 위그노에게 일정한 종교의 자유를 인정해준 법이다. 당시 유럽에서는 가톨릭과 개신교 사이의 갈등이 심했는데, 이 칙령은 그런 종교 갈등을 줄이기 위해 만들어졌다. 루이 14세는 1685년에 이 칙령을 폐지하고 위그노에 대한 탄압을 강화했다.

노예 주-당시 미국은 노예제가 있는 '노예 주(남부)'와 노예제를 금지한 '자유 주(북부)'로 나뉘어 있었다. 당시 두 세력은 상원의 균형을 맞추기 위해 주의 숫자를 거의 동일하게 유지했다. 예를 들어 노예주가 11개면 자유주도 11개가 되도록 맞추는 식이었다.

노예제-남북의 입장은 노예 문제뿐만 아니라 무역에 관한 입장 역시 달랐다. 흑인 노예의 노동력에 기반한 농업이 발달한 남부에서는 값이 비싸고 품질이 낮은 북부의 물건을 쓰기보다 값싸고 품질이 좋은 영국의 물건을 사용하고자 자유무역을 주장하였다(영국은 산업혁명으로 인해 일찍이 대량생산 체계가 만들어져 있었다). 북부는 북부 산업을 보호·육성하고자 보호무역(외국 물건에 높은 세금을 부과하는 것)을 주장하였다. 남북전쟁은 이러한 노예제, 무역 문제 등에 대한 격렬한 남북 대립 속에서 터진 것이다.

ⓒ

대공황-1929년 10월 24일 뉴욕의 증권거래소에서 주가가 폭락하면서 발생한 경제 공황을 말한다. 그 여파가 유럽을 비롯한 세계 각지로 퍼졌기 때문에 大공황(The Great Depression)이라고 부르는 것이다. 대공황으로 세계의 수많은 은행과 기업이 도산하고 실업자가 급증하는 등 세계 경제가 휘청거렸다. 대공황의 원인으로는 여러 가지가 있지만, 제1차 세계대전 이후 세계 무역 감소로 인해 소비가 생산을 따라가지 못하는 과잉생산을 주요 원인으로 여기고 있다.

대동단-1919년에 일진회 회원이었던 전협(全協), 최익환(崔益煥) 등이 서울에서 조직한 독립운동 단체. 『대동신문』을 발간하였으며, 의친왕(義親王) 이강을 상하이 임시 정부의 지도자로 추대하기 위하여 상하이로 탈출시키려다 실패하였다.

대한의군(大韓義軍)**-**1907년 군대 해산 이후 국권 회복을 위해 조직된 항일 의병 부대다. 안중근 의사가 참모중장(參謀中將) 직책을 맡아 이토 히로부미를 저격한 사건으로 유명하며, 당시 군인 신분이었기에 '안중근 장군' 호칭 논란이 있을 만큼 한국 독립운동사에서 중요한 군사 조직이다.

드로이젠-독일 역사학자. 1833년 첫 저서인 『알렉산더 대왕의 역사』로 당대 역사가 중 석학 반열에 올랐다. 그는 알렉산더와 클레오파트라 사이의 시기를 가리키는 시대 명칭으로 "헬레니즘(Hellenismus)"이라는 용어를 고안하였다.

드와이트 아이젠하워(1890~1969)**-**제34대 미국 대통령이다. 그는 과거 필리핀에서 맥아더의 부관으로 근무했다. 이후에는 맥아더를 떠나 제2차 세계대전에서 서유럽 연합군 최고 사령관이라는 직책을 맡았다. 그는 제2차 세계대전에서 인류 역사상 최대 규모의 상륙 작전이라고 불리는 노르망디 상륙 작전(영화 「라이언 일병 구하기」의 배경이 된 역사적 사건)을 성공하여 제2차 세계대전을 승전으로 이끌었다. 사람들은 이러한 엄청난 업적을 기려 전쟁 영웅으로 추앙했다. 서쪽에서 아이젠하워가 있었다면, 동쪽에서는 맥아더가 있었다. 맥아더는 아이젠하워의 상관이었고, 유엔군 최고 사령관이었으며, 인천상륙작전을 감행해 전쟁의 판세를 뒤집었다는 비슷한 경력이 있었다. 이 두 명의 전쟁 영웅은 운명처럼 1952년 대통령 선거를 앞두고 대립했지만, 결과는 '한국전쟁의 종전'을 공약으로 한 부관 아이젠하워의 승리였다.

㉣

라신-프랑스의 시인·극작가(1639~1699). 17세기 프랑스 고전주의의 대표적 작가로, 우아한 시적 정취와 격조 높은 아름다움을 표출하여 프랑스 고전주의의 대가로 불린다. 작품에 「브리타니퀴스」와 「아탈리」 등이 있다.

로버트 태프트(1889~1953)**-**미국의 유력한 보수 정치인으로, 제27대 대통령 윌리엄 태프트의 아들이다. '미스터 공화당'이라 불릴 만큼 원칙을 중시했으며, 맥아더 장군이 추구하는 강한 군사 정책과 반공주의를 적극적으로 지지했다. 맥아더는 자신이 대통령 후보가 되지 못한다면 태프트가 대통령이 되어야 한다고 믿을 만큼 그를 신뢰했다.

륄리-이탈리아 출신의 프랑스 작곡가(1632~1687). 루이 14세의 베르사유 궁전에서 활약하였으며, 극작가 몰리에르와 합작으로 코미디 발레 장르를 만들고 본격적인 프랑스 오페라인 '서정 비극'을 확립하였다.

마르코 폴로-13세기 이탈리아 베네치아 출신의 상인으로, 중국 원나라를 여행한 경험을 기록으로 남긴 인물이다. 그의 여행기인 『동방견문록』은 당시 유럽에 동아시아의 문화와 문물을 널리 소개하는 데 큰 영향을 주었다.

ⓜ

몰리에르-프랑스의 극작가·배우(1622~1673). 본명은 장 바티스트 포클랭(Jean Baptiste Poquelin)이다. 코르네유, 라신과 함께 프랑스 고전극을 대표하는 인물로 여러 가지 복잡한 성격을 묘사함으로써 프랑스 희극을 시대의 합리적 정신에 합치되는 순수 예술로 끌어올렸다. 작품에 「타르튀프」, 「동 쥐앙」, 「인간 혐오」, 「수전노(守錢奴)」 등이 있다.

문자의 옥-중국 역대 왕조에서 벌어졌던 숙청의 한 방식으로, 문서에 적힌 문자나 내용이 황제나 체제에 대한 은근한 비판을 담고 있다고 하여 해당 문서를 쓴 자를 벌하였다. 대부분 억울하게 처벌받는 경우가 더 많았다.

미국(링컨 당시)-미국은 원래 영국의 식민지였다. 하지만 영국에서 식민지인 미국에 무거운 세금을 부여하는 문제로 본토와 식민지 사이에 충돌이 발생했다. 이 문제로 미국은 영국으로부터 독립하고자 독립전쟁이 벌어진다. 그 결과 미국은 영국으로부터 독립하였다(미국은 1776년 독립선언문을 발표했으나, 영국은 미국에 요크타운 전투에서 패배한 이후 1783년 파리조약으로 미국의 독립을 공식으로 인정하였다).

민본 정치-백성을 나라의 근본으로 여기고 왕이 덕으로써 나라를 다스리는 정치를 이른다.

ⓑ

법가-춘추전국 시대에 나타난 제자백가 중 하나의 분파. 법과 제도를 정비하여 사회 질서를 바로잡고자 했다.

베트남 파병-베트남의 통일 과정에서 미국과 벌인 전쟁으로 박정희 대통령이 한국군을 보내 미국을 지원하였고, 미국으로부터 군사 원조 등을 받았다. 하지만 베트남 전쟁에 참여하였던 사람들에 대한 열악한 대우와 참전 후유증 등이 여전히 문제가 되고 있다.

봉토-제후(諸侯)를 봉하여 그에게 내준 땅.

북벌(중국 국민당)-1926년부터 1928년까지 중국 국민당이 중국에 있던 군벌을 타도하기 위해 전개한 일련의 군사

작전이다. 이는 신해혁명 이후 지지부진하던 중국 혁명을 가속화하고 전제군주제, 봉건제를 타도하기 위해 이루어졌는데, 결국 북양정부를 몰아내고 국민당이 중국을 재통일하게 되었다. 북양정부란 1912년부터 1928년까지 베이징에 존재한 중화민국 정부를 말한다. 북양군벌 장군들이 주도했다고 하여 이렇게 불린다.

ㅅ

삼국사기-일제강점기의 역사가 신채호가 『삼국사기』는 신라 위주의 역사 서술로 삼국을 공정하게 다루지 않았다는 비판을 남겼다. 『삼국사기』의 편제를 보면 「신라본기」가 12권, 「고구려본기」 10권, 「백제본기」 6권으로 신라가 가장 많고, 열전에도 김유신만 세 권에 할애했다는 점 때문이다. 하지만 통일 전까지만 본다면 고구려가 신라보다 많은 권 수를 차지한다. 또한 고구려, 백제, 신라를 모두 황제의 기록인 「본기」로 처리했다. 중국의 『삼국지』가 위의 군주만 「본기」로 서술하고, 촉과 오의 군주는 「열전」으로 처리한 점을 보면, 김부식이 삼국을 대등하게 서술하려고 한 의도를 읽을 수 있다. 이러한 오해는 고구려와 백제의 사료 부족에서 기인하는데, 역사학은 남아있는 사료를 기반으로 역사가의 해석을 덧붙이는 학문이라는 점에서 『삼국사기』의 서술 논쟁 자체가 역사학의 묘미를 잘 나타낸다고 볼 수 있다.

삼정-조선 시대의 세 가지 세금 제도로 농사짓는 땅에 매기는 토지세(전정), 군대에 가지 않는 대신에 옷감으로 내는 국방세(군정), 봄에 백성에게 곡식을 빌려주고 가을에 이자를 붙여 갚게 한 환곡(환정)을 말한다.

섭정(攝政)**-**임금을 대신하여 정치를 하는 일, 혹은 정치를 해주는 사람을 이른다.

세도정치-왕의 외척 가문이 권력을 독차지하며 나라의 중요한 일을 좌우하던 정치 형태.

수트리 공의회(1046년)**-**신성 로마 제국 황제 하인리히 3세가 교황의 임명권을 장악하여 황제권이 정점에 달했던 사건이다. 당시 세 명의 후보가 서로 교황이라고 주장하며 혼란에 빠지자, 하인리히 3세가 직접 군대를 이끌고 이탈리아로 가서 세 명을 모두 폐위시키고 자신이 원하는 인물을 교황으로 앉혔다.

신미양요-1871년 미국이 조선에 제네럴셔먼호 사건을 빌미로 통상을 요구하며 강화도에 침공한 사건이다. 조선은 이를 무력으로 막아내며 강하게 저항하였다.

◎

아리아인-인도유럽어족에 속한 고대의 민족이다. 오늘날 인도·이란계 민족들이 이에 속한다. 하지만 당시에 히틀러는 독일인이 아리아 인종에 속한다고 생각했다. 그것은 당시 아리아 인종설이 퍼졌기 때문이다. 아리아 인종설이란 독일인을 포함하여 인도유럽어에 속한 언어를 사용하는 유럽 민족들이 모두 아리아 인종이라는 주장이다. 히틀러는 이러한 해석을 믿어 아리아 인종은 다른 인종보다 유전적으로 우월하고 아리아인의 생활권(영토)을 확장해야 한다고 역설했다. 이러한 히틀러의 아리아주의는 곧 제2차 세계대전이라는 독일의 영토 확장 전쟁과 홀로코스트(대학살)로 나타났다. 하지만 아리아 인종설은 현재 학계에서 받아들여지지 않는다. 그래서 현재 아리아인이라는 개념은 인도·이란어 계열의 언어를 사용하는 민족들과 관련있는 용어로 사용한다.

양무운동-중국 청나라에서 실시한 개혁. 서양의 우수한 무기를 배우자는 운동.

여섯 가지 유교 윤리-홍무제가 백성들에게 유교의 가르침을 전하기 위해 내린 명령. 부모에게 효도하고 윗사람을 존경하며 이웃과 화목하고 자손을 잘 교육하며 자기 일에 최선을 다하고 나쁜 짓을 하지 말라는 내용이 담겨 있다.

연방-미국은 본래 독립적인 권한을 가진 여러 주(State)가 모여 탄생한 연방국가이다. 당시 각 주 정부는 자신들만의 헌법, 의회, 군대, 법원을 유지할 정도로 강력한 자치권을 가지고 있었다. 이러한 주들을 하나로 통합하기 위해 존재했던 것이 바로 연방정부이다. 하지만 '연방의 권한'을 두고 남부와 북부의 생각은 크게 갈렸다. 남부는 연방이 주들의 자발적인 합의로 만들어진 것이기에, 주에 불리한 결정이 내려지면 이를 거부하거나 연방을 탈퇴할 권리가 있다고 주장했다. 반면 북부는 연방정부가 주보다 상위에 있으며, 연방은 결코 파괴될 수 없는 하나의 공동체라고 맞섰다.

위그노-16세기부터 프랑스에서 활동했던 개신교도(신교도)를 일컫는 말. 대부분 칼뱅파였고, 가톨릭 중심의 프랑스 사회에서 차별과 박해를 받았다. 낭트칙령이 있을 때는 제한적이나마 종교 활동이 가능했지만, 칙령 폐지 이후에는 많은 위그노가 박해를 피해 다른 나라로 이주했다.

유형원-『반계수록』을 저술한 조선 후기 중농주의 실학자, 신분에 따라 차등적으로 기본 토지를 나누어 주자는 균전론을 제안하였다.

을밀대(乙密臺)**-**평양시 중구역 금수산 을밀봉 밑에 있는 6세기 중엽 고구려 평양성 내성의 북쪽 장대로 세워진 정자이다. 지금의 모습은 조선 숙종 40년(1714)에 축대를 보수하면서 고쳐 지은 것이다. 1931년 노동운동가 강주룡이 고공 농성을 한 곳으로 유명하고, 최근 1960년에 개수한 바 있다.

음서-고려 시대 5품 이상 관리의 자손들에게 시험을 치르지 않고 관직을 내리던 제도를 이른다. 즉 높은 관직에 오른 사람의 자손으로 과거(고려에서 관직에 등용하기 위해 실시한 시험제도)에 합격하지 못하는 사람을 관직에 등용하는 제도로 고려에는 이러한 방법으로 고위직에 오른 사람이 많았다. 그러나 음서 제도의 기능이 그렇게 크지 않았다는 주장도 있어 고려 사회의 다양성과 복잡성을 보여주는 듯하다.

이양선-조선 후기에 서양의 함선을 가리키는 말로, 당시에 낯선 모양의 배라는 뜻에서 이렇게 불렀다. 프랑스와 미국 등 서양의 함선들은 조선의 해안 근처에 나타나 해안선을 측량하고 통상을 요구하면서 위협을 가하기도 했다.

이익-『성호사설』을 저술한 조선 후기 중농주의 실학자. 백성들이 기본적인 생활을 유지할 수 있도록 최소한의 토지를 지급하되, 어떤 경우에도 매매할 수 없도록 법으로 금지하여 빈곤한 서민층을 보호하자는 한전론을 제안하였다.

일심 사상-'모든 것이 오직 한마음에서 나온다'라는 사상.

ㅈ

자유노동자-산업이 발전하려면 소비자들이 물건을 구매해줘야 한다. 하지만 노예들은 재산이 없으므로 물건을 구매할 수 없었고, 노예들이 백인 노동자들의 일자리를 빼앗는 결과도 초래했다. 따라서 북부에서는 노예가 아니라, 정당한 임금을 받고 그 돈으로 물건을 구매할 수 있는 '자유노동자'가 필요했다. 그래야 공장에서 만든 물건이 팔리고 산업이 돌아가기 때문이다. 반면 남부의 경제 구조는 완전히 달랐다. 남부는 거대한 목화 농장에서 면화를 대량으로 재배해 외국에 수출하는 것이 주 수입원이었다. 따라서 남부는 최대한 적은 비용으로 부릴 수 있는 대규모 노동력이 필요했다. 남부 지주들에게 노예는 임금을 줄 필요가 없는 가장 효율적인 '생산 도구'였기 때문에 노예제 폐지에 반대한 것이다.

자유와 빵-'자유'는 베르사유 조약으로부터의 자유를, '빵'은 경제를 말한다. 독일은 제1차 세계대전(1914~1918)의 책임으로 엄청난 금액의 배상금과 굴욕적인 군대 축소 제약을 받게 되었다. 히틀러는 독일에 대한 유럽의 억압으로부터 벗어나야 한다고 주장한 것이다.

전감(前鑑)**-**이전 사람들의 잘못을 거울삼아 스스로를 돌아보고 경계하자는 의미이다.

정관의 치-이세민(당 태종)이 통치하던 시기(627~649년)를 일컫는 말로, 중국 역사에서 가장 안정되고 훌륭한 정치로 평가받는 시기 중 하나이다. '정관'은 당 태종의 연호이며, 이 시기 유능한 신하들의 활약과 안정된 민생이 돋보였으며 외교와 문화도 크게 발전했다. 후대 모범이 되는 통치로 기억된다.

조계지-개항장에서 외국인이 자유롭게 거주, 통상하며 치외법권을 누리도록 설정된 구역으로, 제국주의 시대 열강들이 중국 등지에서 세력을 확대하기 위해 강제로 설정한 특별 통치 구역이다. 상하이, 톈진 등 중국의 주요 도시에서 찾아볼 수 있고 한국의 인천, 부산에도 그 흔적이 남아 있다.

중농학파-농업을 중시하고 토지 제도 개혁을 주장한 실학자들. 교과서에 유형원, 이익, 정약용이 등장한다.

지엄-중국 수나라 말부터 당나라 초기에 활동한 중국의 승려(602~668). 화엄종의 기틀을 마련했다는 평가를 받으며 의상을 제자로 두었다.

진흥왕 순수비-경남 창녕 신라진흥왕척경비(창녕비), 서울 북한산 신라진흥왕 순수비(북한산비), 함남 황초령 신라진흥왕 순수비(황초령비), 함남 마운령 신라진흥왕 순수비(마운령비).

㉠

차관도입-외국으로부터 대외 지급 수단을 차입하는 것.

참가 자격-당시 헤이그 특사 일행은 러시아와 일본 간의 비밀조약을 알 수 없었다. 두 나라는 이미 러일전쟁 이후 만주와 한반도의 이권을 나눠 가질 것을 약속했고, 을사조약이 체결된 것은 1905년, 헤이그 특사 파견은 1907년에 이루어진 것이다. 불과 1년이라는 시간이 지났지만, 그, 사이 일본의 영향력은 커졌다. 또한 당시 러시아는 혁명과 민중의 봉기라는 사회의 불안 요소가 존재했고, 평화적인 외교 방침을 세워 1906년에 이미 한국의 헤이그 참석 불가라는 입장을 일본에 전달했던 것이다. 하지만 고종과 특사 3인은 이 사실을 알지 못했다. 헤이그의 만국평화회의 의장국이었던 러시아가 반대한 이상 특사 3인은 회의에 참가할 수 없었다.

참찬관-조선시대의 경연청에 속한 정삼품 벼슬. 승정원의 승지, 홍문관의 부제학이 겸했는데, 동지경연사의 다음 서열이다.

철혈 정책-비스마르크가 독일 통일을 이루기 위해 내세운 강경한 군사·외교 정책을 말한다. 그는 "오늘날의 문제는 연설이나 표결이 아니라, 철(무기)과 피(전쟁)로 해결된다"라고 하면서 전쟁과 무력을 통해 통일을 이루겠다는 의지를 드러냈다. 실제로 그는 덴마크, 오스트리아, 프랑스와의 세 차례 전쟁을 통해 독일 제국을 완성했다.

칙서-고종 황제는 러일전쟁 당시 러시아의 승리를 확신하고 있으며, 그와 함께 항일 민중 봉기를 계획하고 있다는 밀서를 러시아 황제에게 전달하고자 하였고 이위종은 그 메신저의 역할을 했던 것이다.

ⓚ

카노사의 굴욕(1077년)-성직자 임명권을 둘러싸고 교황 그레고리오 7세와 대립하던 신성 로마 제국 황제 하인리히 4세가 교황에게 파문당한 뒤, 이탈리아의 카노사성으로 찾아가 눈 속에서 사흘 동안 무릎을 꿇고 용서를 구한 사건이다. 교황의 권위가 황제보다 높았음을 보여주는 중세의 상징적인 장면이다.

ⓣ

토욕혼-4세기경부터 663년 토번의 침공으로 완전히 멸망하기 전까지 존속한 민족이며, 또한 그들이 세운 국가명(토욕혼국)이기도 하다. 선비족 모용씨로부터 내려온 부족이라고 전해진다.

ⓟ

페레스트로이카-1985년 소련의 고르바초프가 추진한 개혁 정책이다. 정치, 군사, 경제 전반에 걸친 과감한 변화를 통해 냉전을 종식하고 동구권의 체제 변혁을 이끌었다. 하지만 국내 경제에서는 기업 자립과 혼합 경제화가 성과를 내지 못해 물가가 폭등했고, 민족 갈등 등 새로운 문제들이 불거졌다. 결국 사회주의 체제 안에서의 개혁은 보수파의 반발과 미숙한 경제 정책으로 인해 실패로 돌아갔고, 이는 결과적으로 소련 해체와 공산권 붕괴를 앞당기는 결정적인 계기가 되었다.

펠로폰네소스 전쟁-고대 그리스에서 아테네 주도의 델로스 동맹과 스파르타 주도의 펠로폰네소스 동맹 사이에 일어난 전쟁이다. 27년 동안 이어진 이 전쟁의 결과는 참혹했다. 모든 도시국가가 가난해졌고 인구가 줄어들었으며, 이는 훗날 북쪽의 마케도니아에 정복당하는 결정적 배경이 된다. 특히 전쟁 중 겪은 민주정의 타락과 그 혼란 속에서 집행된 소크라테스의 사형은 지식인들에게 큰 충격을 주었다. 사람들은 "민주주의는 과연 최선인가?"라는 본질적 고민을 하기 시작했고, 이는 플라톤 등이 활동하며 서양 철학의 기틀을 닦는 결정적인 계기가 되었다.

프란츠 폰 파펜(1879~1969)-독일의 귀족 출신 정치인이다. 그는 히틀러의 대중적 인기를 이용해 자신이 권력을 휘두르려는 욕심으로, 히틀러를 총리로 추천하며 나치와 손을 잡았다. 그는 힌덴부르크 대통령에게 가서 이렇게 말했다. "대통령님, 지금 나치당을 밖에서 날뛰게 두면 위험합니다. 차라리 히틀러를 총리로 앉히고, 제가 부총리가 되어 옆에서 꽉 잡고 통제하겠습니다. 그러면 나치 세력을 우리 정부로 흡수해 길들일 수 있습니다." 하지만 그의 생각과 달리 히틀러는 고양이 새끼가 아니라 호랑이 새끼였다. 폰 파펜은 히틀러에게 이용만 당한 채 권력에서 밀려나고 말았다.

프랑스 고립 정책-비스마르크는 독일 제국을 통일한 뒤, 프랑스가 다시 전쟁을 일으키지 못하게 하려고 외교적으로 고립시키는 정책을 펼쳤다. 프랑스는 독일 통일 이전부터 프로이센이 중심이 되는 통일을 견제하고 방해했으며, 그 갈등은 1870년 프랑스-프로이센 전쟁으로 이어졌다. 전쟁에서 승리한 독일은 제국을 세웠고, 비스마르크는 이후 프랑스가 복수할 틈을 주지 않기 위해 다른 유럽 나라들과 동맹을 맺어 포위망을 구축했다.

ⓗ

한인애국단-1931년에 중국 상하이에서 조직된 독립운동단체이다. 1920년대 초반 이후의 대한민국임시정부의 대외적, 대내적인 혼란을 극복하기 위해 김구는 일본 제국주의에 맞서 폭탄 투척이나 암살 등을 위한 목적으로 한인애국단을 조직하였다. 이봉창과 윤봉길의 의거를 계획하고 실행하였다.

한일 협정-광복 이후 일본과 처음 맺은 협정으로 일본으로부터 8억 달러의 대일청구권자금을 약속받았다. 이때 받은 자금을 경제 발전에 활용하였으나 일본의 식민 지배 문제를 제대로 해결하지 못했다는 비판을 받는다.

한일의정서-1904년 일본은 러일전쟁을 일으킨 후 우리나라에 한일의정서 체결을 강요했다. 이로써 일본은 한반도에 전쟁 수행에 필요한 지역을 군사기지로 사용할 수 있게 되었다.

현무문의 변-626년, 훗날 당 태종이 되는 이세민이 황태자인 형 이건성과 동생 이원길을 제거하고 권력을 잡은 사건이다. 당시 이세민은 당 왕조를 세우는 데 큰 공을 세웠지만, 황태자가 되지 못해 갈등이 깊어졌고, 결국 수도 장안의 궁문인 현무문에서 형제들을 죽이고 아버지 이연(당 고조)으로부터 양위를 받아 황제가 되었다.

홍명희-일제강점기에 역사소설 『임꺽정』을 저술한 소설가이자 사회운동가로 신간회를 조직하여 이끌기도 하였다. 월북 후 북한에서 요직을 거쳤다.

화쟁 사상-원효가 종파 간의 대립을 해결하고자 주장한 사상.

교과 연계표

교과서 속 역사 인물, 그때 왜 그랬을까?

인물	과목명	단원명	과목명	단원명
장수왕	중학교 역사2	국가의 형성과 발전	고등학교 한국사1	근대 이전 한국사의 이해
진흥왕	중학교 역사2	국가의 형성과 발전	고등학교 한국사1	근대 이전 한국사의 이해
서희	중학교 역사2	고려의 성립과 변천	고등학교 한국사1	근대 이전 한국사의 이해
묘청	중학교 역사2	고려의 성립과 변천	고등학교 한국사1	근대 이전 한국사의 이해
이순신	중학교 역사2	조선의 성립과 발전	고등학교 한국사1	근대 이전 한국사의 이해
이봉창	중학교 역사2	근·현대 사회로의 전환	고등학교 한국사2	일제 식민 통치와 민족 운동

교과서 속 역사 인물, 고난 속에서도 지키려 한 신념은 무엇일까?

인물	과목명	단원명	과목명	단원명
조광조	중학교 역사2	조선의 성립과 발전	고등학교 한국사1	근대 이전 한국사의 이해
김옥균	중학교 역사2	근·현대 사회로의 전환	고등학교 한국사1	근대 국가 수립의 노력
안중근	중학교 역사2	근·현대 사회로의 전환	고등학교 한국사1	근대 국가 수립의 노력
김가진	중학교 역사2	근대 국가 수립을 위한 노력	고등학교 한국사1	근대 국가 수립의 노력
이위종	중학교 역사2	근대 국가 수립을 위한 노력	고등학교 한국사1	근대 국가 수립의 노력
강우규	중학교 역사2	근·현대 사회로의 전환	고등학교 한국사2	일제 식민 통치와 민족 운동
강주룡	중학교 역사2	근·현대 사회로의 전환	고등학교 한국사2	일제 식민 통치와 민족 운동
지복영	중학교 역사2	국권 피탈과 극복	고등학교 한국사2	일제 식민 통치와 민족 운동

교과서 속 역사 인물,
위대한 업적 뒤에 숨겨진 진실은 무엇일까?

인물	과목명	단원명	과목명	단원명
알렉산드로스	중학교 역사1	문명의 발생과 고대 세계의 형성	고등학교 세계사	지역 세계의 형성
카롤루스 대제	중학교 역사1	세계 종교의 확산과 지역 문화의 발전	고등학교 세계사	지역 세계의 형성
당태종 이세민	중학교 역사1	세계 종교의 확산과 지역 문화의 발선	고등학교 세계사	지역 세계의 형성
명나라 홍무제	중학교 역사1	지역 세계의 교류와 변화	고등학교 세계사	교역망의 확대
루이14세	중학교 역사1	지역 세계의 교류와 변화	고등학교 세계사	교역망의 확대
비스마르크	중학교 역사1	제국주의와 국민 국가 건설 운동	고등학교 세계사	국민 국가의 형성
고르바초프	중학교 역사1	현대 세계의 전개와 과제	고등학교 세계사	현대 세계의 과제

교과서 속 역사 인물, 같은 시대에 왜 다른 길을 걸었을까?

인물	과목명	단원명	과목명	단원명
원효, 의상	중학교 역사 2	국가의 형성과 발전	고등학교 한국사1	근대 이전 한국사의 탐구
최충헌, 만적	중학교 역사2	고려의 성립과 변천	고등학교 한국사1	근대 이전 한국사의 이해
정도전, 태종	중학교 역사 2	조선의 성립과 발전	고등학교 한국사1	근대 이전 한국사의 이해
윤동주, 이광수	중학교 역사 2	근·현대 사회로의 전환	고등학교 한국사2	일제 식민 통치와 민족 운동
김구, 김원봉	중학교 역사2	근·현대 사회로의 전환	고등학교 한국사2	일제 식민 통치와 민족 운동
박정희, 전태일	중학교 역사2	근·현대 사회로의 전환	고등학교 한국사2	대한민국의 발전

교과서 속 역사 인물, 우리에게 알려진 모습이 과연 전부일까?

인물	과목명	단원명	과목명	단원명
진시황	중학교 역사1	문명의 발생과 고대 세계의 형성	고등학교 세계사	지역 세계의 형성
김부식	중학교 역사2	고려의 성립과 변천	고등학교 한국사1	근대 이전 한국사의 이해
정약용	중학교 역시2	조선 사회의 변동	고등학교 한국사1	근대 이전 한국사의 이해
흥선대원군	중학교 역사2	조선 사회의 변동	고등학교 한국사1	근대 국가 수립의 노력
콜럼버스	중학교 역사1	지역 세계의 교류와 변화	고등학교 세계사	교역망의 확대
나폴레옹	중학교 역사1	제국주의와 국민 국가 건설 운동	고등학교 세계사	국민 국가의 형성
링컨	중학교 역사1	제국주의와 국민 국가 건설 운동	고등학교 세계사	국민 국가의 형성
히틀러	중학교 역사1	세계 대전과 사회 변동	고등학교 세계사	현대 세계의 과제
맥아더	중학교 역사2	근·현대 사회로의 전환	고등학교 한국사2	대한민국의 발전